LA
MEDIDA
DE
FE

"Digo, pues, por la gracia que me es dada, a cada cual que está entre vosotros, que no tenga más alto concepto de sí que el que debe tener, sino que piense de sí con cordura, conforme a la medida de fe que Dios repartió a cada uno."

(Romanos 12:3)

LA MEDIDA DE FE

Dr. Jaerock Lee

URIM BOOKS

LA MEDIDA DE FE por Dr. Jaerock Lee

Publicado por Libros Urim (Representante: Seongkeon Vin)
235-3, Guro-dong 3, Guro-gu, Seúl, Corea
www.urimbooks.com

Citas Bíblicas:
Todas las citas de las Escrituras, han sido tomadas de la Santa Biblia, versión Reina Valera, Revisión 1960 © Sociedades Bíblicas Unidas. Usada con permiso.

Derechos de autor ©2011 por Dr. Jaerock Lee
ISBN: 978-89-7557-469-6 (03230)
Derechos de traducción ©2010 por Dra. Esther K. Chung. Usada con permiso.

Publicado en coreano en el año 2002 por Libros Urim, Seúl, Corea

Primera edición en septiembre de 2011

Edición en coreano por: Dra. Geumsun Vin
Traducido al español por: Aldo Guido Spano Amoretti
Edición en español por: Lic. Elena de Medina
Diseño por: Editorial de Libros Urim
Impreso por: Yewon Printing Company
Para mayor información contáctese con urimbook@hotmail.com

PREFACIO

Deseo que cada uno de ustedes posea la fe en la total medida del espíritu y disfrute de la gloria eterna y celestial en la Nueva Jerusalén, donde se encuentra el Trono de Dios

Junto con la reciente publicación del *MENSAJE DE LA CRUZ*, el presente libro, *LA MEDIDA DE FE*, constituye la guía más importante y fundamental para vivir una vida cristiana victoriosa. Deseo dar toda la gloria y las gracias a Dios Padre quien ha bendecido este valioso trabajo para que llegue a ser publicado y que revele el mundo espiritual a infinidad de personas.

En la actualidad existen muchos individuos que declaran creer en Dios pero que no tienen certeza de su propia salvación. La gente comenta y dice: "Este hombre tiene gran fe", o "aquel tiene poca fe". Pero no es fácil saber ni conocer cuánto o qué medida de su fe acepta Dios en verdad, o medir cuán grande es su fe o cuánto ha crecido. Dios no desea que nosotros tengamos una fe natural, sino una fe espiritual que vaya acompañada de acciones por medio de las obras. A las personas se les incentiva a tener esta fe natural, animándolas a tan solo oír y aprender la Palabra de Dios, memorizándola y guardándola como mero conocimiento. No podemos tener fe espiritual por nuestra propia voluntad, solo Dios nos la puede dar.

Es por eso que en el libro de Romanos 12:3 se nos insta: *"Digo, pues, por la gracia que me es dada, a cada cual que está entre vosotros, que no tenga más alto concepto de sí que el que debe tener, sino que piense de sí con cordura, conforme a la medida de fe que Dios repartió a cada uno"*. Este pasaje nos dice que cada persona tiene su propia fe espiritual otorgada por Dios, y que Sus respuestas y bendiciones varían de acuerdo a la medida de fe de cada uno.

En 1 Juan 2:12, y los versículos subsiguientes, se describe el crecimiento de la fe de cada persona, desde la fe de un bebé, pasando por la de un niño, la de un joven, hasta la de un adulto o de un padre. En 1 Corintios 15:41 se lee: *"Una es la gloria del sol, otra la gloria de la luna, y otra la gloria de las estrellas, pues una estrella es diferente de otra en gloria"*. El pasaje nos recuerda que la morada y la gloria celestial de cada uno son diferentes de acuerdo a la medida de su fe. Efectivamente, es muy importante recibir la salvación e ir al Cielo, pero saber y conocer a qué morada o lugar en el Cielo iremos y qué tipo de coronas y recompensas recibiremos es igualmente muy importante.

El Dios de amor desea que Sus hijos lleguen a la completa y total medida de fe, que ansíen entrar a la Nueva Jerusalén donde está el Trono de Dios, y que anhelen vivir allí eternamente.

De acuerdo con el corazón de Dios y con las enseñanzas de

la Palabra, *LA MEDIDA DE FE* dilucida los cinco niveles de fe en el Reino de los Cielos, y ayuda al lector a medir el nivel de su propia fe.

La medida de la fe y los lugares de las moradas en el Reino de los Cielos pueden subdividirse en más de estos cinco niveles, pero el presente trabajo elabora y estudia solamente estos cinco niveles para ayudar a los lectores a comprenderlos más fácilmente.

Es mi deseo y esperanza que todos ustedes puedan avanzar hacia el Cielo más firmemente, comparando la medida de su fe con la de los padres o los antepasados de la fe en la Biblia.

Años atrás oré para que Dios me diera revelación sobre algunos de los versículos de la Biblia que me eran difíciles de comprender. Entonces un día Dios empezó a explicarme que el Reino de los Cielos está dividido, y que las moradas celestiales dadas a cada uno de Sus hijos varían de acuerdo a la medida de su fe.

Posteriormente prediqué acerca de los lugares de las moradas celestiales y de la medida de la fe, y edité estos mensajes para publicar esta obra. Agradezco a Geumsun Vin, Director de la Casa Editorial, así como a todos los fieles trabajadores de la editorial. Asimismo, mi profundo agradecimiento al Departamento de Traducción de la Iglesia Cristiana Manmin.

Es mi deseo que cada lector del libro *LA MEDIDA DE FE* alcance y llegue a obtener la completa medida de fe, una fe espiritual total y completa, y que disfrute de la gloria eterna en la Nueva Jerusalén en donde está el Trono de Dios. Oro por ello y los bendigo en el nombre de nuestro Señor Jesucristo.

Jaerock Lee

PRESENTACIÓN

Es nuestro deseo que este libro sea una guía invalorable para que cada persona pueda medir su fe y que lleve a numerosas almas a la medida de fe que realmente agrada y complace a Dios.

LA MEDIDA DE FE analiza y mide los cinco niveles de fe, desde la medida de fe de los niños espirituales, que recién han recibido el Espíritu Santo, hasta la medida de la fe de los adultos o padres que conocen a Dios, el Único que es desde el principio. A través de la lectura de esta obra, cualquiera podrá medir en forma aproximada su propia fe.

El primer capítulo, "¿Qué es la fe?", define el concepto de fe y detalla los tipos de fe que agradan a Dios y la naturaleza de las respuestas y de las bendiciones que acompañan a la fe que es aceptable a Dios. La Biblia clasifica la fe en dos clases: "fe natural, carnal o fe como conocimiento" y "fe espiritual". Este capítulo nos dice cómo poseer una fe espiritual y, consecuentemente, cómo llevar una vida bendecida en Cristo.

El segundo capítulo, "El crecimiento de la fe espiritual", ampliamente basado en 1 Juan 2:12-14, describe el proceso de crecimiento de la fe espiritual comparándolo con el desarrollo del ser humano, desde la etapa de la infancia, la niñez, la juventud, y finalmente la vida de un adulto o padre. En otras palabras, luego que una persona acepta a Jesucristo, crece espiritualmente en su fe: Desde la fe de un bebé en desarrollo hasta la fe de un adulto maduro.

En el tercer capítulo, "La medida de fe de cada persona", se explica la medida de la fe de cada persona mediante el pasaje de las Escrituras que menciona que la fe es como una obra de paja u hojarasca, de heno, de madera, de piedras preciosas, de plata y de oro, que luego de ser probadas en el fuego serán reveladas si algo queda o no de esa fe. Dios desea que nosotros alcancemos una fe como el oro, cuya obra nunca será quemada en ningún tipo de prueba por más dura que esta sea.

El cuarto capítulo, "La fe para recibir la salvación", dilucida sobre el menor y más bajo nivel de fe, es decir, el primero de los cinco niveles de fe. Con esta clase de fe, uno recibe una salvación vergonzosa. La salvación en sí no es algo de lo cual avergonzarse, pero aquellos que reciban este tipo de salvación se avergonzarán de sí mismos por no haber vivido de acuerdo a la Palabra de Dios y no haber desechado el pecado. Esta medida o nivel de fe también se conoce como la "fe de un bebé" o "fe de paja o de hojarasca". A través de ejemplos detallados y específicos, el capítulo nos anima a madurar rápidamente en nuestra fe.

El quinto capítulo, "La fe para tratar de vivir por la Palabra", nos muestra que estamos en el segundo nivel de la fe, cuando procuramos obedecer la Palabra pero no podemos, y nos resulta en esta etapa sumamente difícil mantener nuestra fe en el Señor. Este capítulo también nos enseña cómo desarrollar nuestra fe para llegar al tercer nivel de la fe.

El sexto capítulo, "La fe para vivir por la Palabra", examina el breve proceso en el cual la fe que se inicia en el primer nivel, va madurando y pasa al segundo nivel, y se mueve a la primera etapa del tercer nivel, y se levanta como una roca de fe en la que puede alcanzar más del 60% del tercer nivel de fe. Este capítulo además analiza la diferencia entre la primera etapa del tercer nivel y la roca de la fe, por qué no debemos sentirnos cansados ni cargados cuando estamos parados firmes en la roca de la fe, y la importancia de luchar y de resistir al pecado hasta derramar nuestra sangre.

El séptimo capítulo, "La fe para amar al Señor al grado máximo", explica diversos tipos de diferencias entre las personas que están en el tercer nivel de fe y aquellas que se encuentran en el cuarto nivel de fe en términos del amor al Señor, y examina las clases de bendiciones que vendrán sobre los que aman al Señor al grado máximo.

El capítulo ocho, "La fe para agradar a Dios", expone cómo es el quinto nivel de fe. Este capítulo nos hace saber que a fin de alcanzar el quinto nivel de fe, debemos no solo santificarnos total y completamente a nosotros mismos al igual que Enoc, Elías, Abraham o Moisés, sino también, ser totalmente fieles en toda la casa de Dios; cumpliendo todas nuestras obligaciones, deberes y servicio que Dios nos ha encomendado. Además debemos ser perfectos, al punto de estar dispuestos a entregar incluso nuestras propias vidas por el Señor y tener la fe de Cristo, la fe total del espíritu. Por último, este capítulo detalla las diferentes clases de bendiciones de las que podemos disfrutar cuando complacemos a Dios en el quinto nivel de fe.

El siguiente capítulo, "Las señales que seguirán a los que creen", nos manifiesta que cuando nosotros alcanzamos la fe perfecta, nuestra fe estará acompañada de señales milagrosas. Más aún, en base a la promesa de Jesús en Marcos 16:17-18, el capítulo examina muy de cerca una a una estas señales. En este capítulo el autor además enfatiza que un predicador debe pronunciar mensajes poderosos que estén acompañados de señales milagrosas y que den testimonio del Dios vivo con esos milagros para fortalecer la fe de numerosas personas, en una época en la cual el mundo está lleno de pecado y de maldad.

Finalmente, el capítulo 10, "Diferentes moradas y coronas celestiales", establece que hay diversos lugares celestiales en el Reino de los Cielos, que todos podemos acceder por fe a la mejor morada celestial, y que la gloria y las recompensas son considerablemente diferentes de un reino celestial al otro. Especialmente con el objeto de ayudar a los lectores para que prosigan y logren por la fe una mejor morada con la esperanza en el Cielo, este capítulo concluye describiendo brevemente la belleza y el esplendor de la Nueva Jerusalén en donde se encuentra el Trono de Dios.

Si entendemos que hay considerables diferencias en los lugares y las moradas celestiales y en las recompensas de acuerdo a la medida de la fe de cada uno, nuestra actitud en nuestra vida en Cristo será indudable y completamente transformada.

Espero que todo lector de esta obra, *LA MEDIDA DE FE,* pueda tener y poseer la clase de fe que complace y agrada a Dios, recibir todo aquello que le pida, y glorificarlo grandemente a Él.

Geumsun Vin
Director de la Casa Editorial

INDICE

Capítulo 1

~

¿QUÉ ES LA FE?

"Es, pues, la fe la certeza de lo que se espera,
la convicción de lo que no se ve.
Porque por ella alcanzaron buen testimonio los antiguos.
Por la fe entendemos haber sido constituido
el universo por la palabra de Dios,
de modo que lo que se ve fue hecho de lo que no se veía".
(Hebreos 11:1-3)

Muchas veces encontramos en la Biblia que lo que no esperábamos que sucediese, en realidad sucedió; y que lo que resultaba imposible de hacer por la fuerza del hombre, se hizo y se cumplió por el poder de Dios.

Moisés guío a los Israelitas a través del Mar Rojo, dividiéndolo en dos, teniendo las aguas como muros a ambos lados, y todos ellos lo cruzaron como si estuviesen caminando sobre tierra seca.

Josué destruyó la ciudad de Jericó marchando alrededor de ella trece veces.

Por medio de la oración de Elías, los cielos se abrieron y llovió después de tres años y medio de sequía.

Pedro hizo que un cojo de nacimiento se parara y caminara, en tanto que el apóstol Pablo, resucitó a un joven que murió luego de caer del tercer piso.

Jesús caminó sobre las aguas, calmó olas y vientos tempestuosos, hizo que un ciego viera, y resucitó a un hombre que había estado sepultado en una tumba por cuatro días.

El poder de la fe es inconmensurable y con ella todo es posible. Exactamente como Jesús nos dice en Marcos 9:23: *"...Si puedes creer, al que cree todo le es posible"*, usted puede recibir cualquier cosa que pida si tiene la fe que es aceptable para Dios.

Entonces, ¿qué tipo de fe acepta Dios y cómo puede tenerla?

1. Significado de la fe que Dios acepta

Actualmente muchas personas afirman creer en el Dios Todopoderoso, pero no reciben respuesta a sus oraciones porque no tienen fe verdadera. En Hebreos 11:6 leemos: *"Pero sin fe es imposible agradar a Dios; porque es necesario que el que se acerca a Dios crea que le hay, y que es galardonador de los que le buscan"*. Dios explícitamente nos dice que le agradamos si tenemos fe verdadera.

Nada es imposible si se tiene una fe perfecta, porque la fe es la base de una verdadera vida cristiana y es la llave para recibir las respuestas y las bendiciones de Dios. Sin embargo muchos no pueden gozar de las bendiciones de Dios y recibir la salvación, porque no saben lo que es la fe verdadera y, por lo tanto, tampoco la tienen.

La fe es la certeza de lo que se espera, la convicción de lo que no se ve

Entonces, ¿cuál es la fe que Dios acepta? El Webster's New World College Dictionary define la fe como: "Creencia indudable que no requiere prueba o evidencia" o "creencia indudable en Dios, principios religiosos, etc.". La palabra "fe" en griego es pistis, la cual significa "estar firme o ser fiel". En Hebreos 11:1, la fe se define así: *"Es, pues, la fe la certeza de lo que se espera, la convicción de lo que no se ve"*.

"La certeza de lo que se espera" se refiere a lo que nosotros esperamos que se manifieste como una realidad, porque estamos

convencidos de que eso ya se ha realizado. Por ejemplo, ¿qué es lo que más desea alguien que está enfermo y padeciendo de gran dolor? Naturalmente, desea ser sanado de la enfermedad y recobrar su buena salud, y debería tener la suficiente fe para estar seguro y convencido de su recuperación. En otras palabras, la buena salud llega a ser una realidad si se tiene una fe perfecta.

Luego, *"la convicción de lo que no se ve"* se refiere a visualizar los elementos y las cosas u objetos de los que estamos totalmente seguros por medio de la fe espiritual, aun cuando en realidad no sean visibles a simple vista.

Por lo tanto, la fe le permite creer que Dios creó todas las cosas de la nada.

Los padres de la fe recibieron como una realidad por fe "la certeza de lo que ellos esperaron", así como "la convicción de lo que ellos no vieron", como cosas y hechos tangibles. De esa manera experimentaron el poder de Dios que crea algo de la nada.

De la manera en que los padres de la fe lo hicieron, aquellos quienes creen que Dios crea todas las cosas de la nada, están dispuestos también a creer que en el comienzo Dios creó por Su Palabra todo lo que hay en los cielos y en la tierra. Es verdad que nadie presenció con sus propios ojos la creación de los cielos y de la tierra, porque esto tuvo lugar antes de la creación del hombre. Sin embargo, las personas con fe nunca dudan, porque realmente creen que Dios hizo todas las cosas de la nada.

Por eso, Hebreos 11:3 nos recuerda: *"Por la fe entendemos haber sido constituido el universo por la palabra de Dios, de modo que lo que se ve fue hecho de lo que no se veía".*

Cuando Dios dijo: *"Sea la luz"* fue la luz (Génesis 1:3). Cuando Dios dijo: *"Produzca la tierra hierba verde, hierba que dé semilla; árbol de fruto que dé fruto según su género, que su semilla esté en él, sobre la tierra. Y fue así"* (Génesis 1:11).

Todo se hizo de la manera que Dios lo ordenó.

Todas las cosas que se ven a simple vista en el universo, no fueron hechas con algún tipo de material o sustancia visible. No obstante, muchos piensan que todo fue hecho de cosas que ya existían o que eran visibles, porque no pueden aceptar que Dios creó todo de la nada. Esas personas nunca han aprendido, visto u oído que algo se haya podido hacer de la nada.

La obediencia es la evidencia de la fe

A fin de esperar lo que no es posible y hacerlo realidad, se debe tener la evidencia de la fe que Dios aprueba. En otras palabras, se debe mostrar la evidencia de la obediencia en la Palabra de Dios por la confianza en ella. Hebreos 11:4-7 menciona a los padres de la fe, quienes fueron declarados justos por su fe, porque demostraron signos evidentes de esa fe: Abel fue reconocido como un hombre justo por ofrecer el sacrificio de sangre que fue aceptable a Dios, a Enoc se le menciona como uno que agradó a Dios por estar totalmente santificado, y Noé llegó a ser el heredero de la justicia por construir con fe el arca de la salvación.

Examinemos la historia de Caín y Abel en Génesis 4:1-15 para entender la verdadera fe que es aceptable a Dios. Caín y Abel fueron los hijos que Adán y Eva tuvieron en la tierra después de haber sido expulsados del Huerto del Edén por su desobediencia al mandato de Dios: *"...mas del árbol de la ciencia del bien y del mal no comerás..."* (Génesis 2:17).

Adán y Eva se arrepintieron de su desobediencia cuando llegaron a experimentar el dolor que significaba trabajar hasta el cansancio y con el sudor de su rostro, y por haberse multiplicado en gran manera en la mujer el dolor al dar a luz hijos en esta tierra bajo maldición. Por eso, Adán y Eva, muy puntual y concretamente, enseñaron a sus hijos la importancia de la obediencia. Con toda seguridad, deben haber enseñado a Caín y Abel a vivir por la Palabra de Dios, e igualmente, deben haberles enfatizado que nunca debían desobedecer los mandamientos de Dios.

Además, como padres, deben haber instruido a sus hijos que debían escoger un animal como ofrenda y ofrecer a Dios el sacrificio de la sangre para perdón de sus pecados. Así, Caín y Abel supieron que debían dar a Dios un sacrificio de sangre para el perdón de sus pecados.

Después de un tiempo Caín traicionó a Dios al igual que su madre Eva, quien había desobedecido la Palabra de Dios. Él era labrador y dio su ofrenda de los frutos de la tierra de la manera que consideró más conveniente para él. Por el contrario, Abel era pastor y ofreció las primeras crías de sus rebaños, lo mejor de entre ellos, de la manera que Dios le había indicado a través de sus padres. Dios aceptó el sacrificio de Abel pero no el de Caín, quién desobedeció a Su mandato. En consecuencia, Abel fue reconocido como un hombre justo (Hebreos 11:4). Esta historia de Caín y Abel enseña que Dios tiene confianza en usted y lo aprueba en la medida en que usted confíe y obedezca Su Palabra; los relatos de Moisés y Enoc también corroboran este hecho.

La evidencia de la fe es la obediencia manifestada por medio de hechos y acciones. Por lo tanto, debe recordar que Dios lo aprueba y lo afirma cuando le muestra la evidencia de su fe, obedeciendo a Su Palabra con hechos y acciones en todo tiempo, y asimismo cuando procura obedecerle en cualquier circunstancia.

La fe trae respuestas y bendiciones

De esta manera, debe seguir la dirección de la Palabra de Dios para que pueda empezar a creer "lo que se espera" por fe y alcanzar "la certeza de lo que espera". Si no sigue la dirección de Dios, como Caín que se desvió en esta tierra, en la cual el camino es gravoso y difícil para seguir, no podrá recibir respuestas y bendiciones de Dios de acuerdo a la ley del reino espiritual.

Hebreos 11:8-19 nos relata en detalle acerca de Abraham, quien demostró con sus hechos y acciones su obediencia a la Palabra de Dios como la evidencia de su fe. Salió por fe de su propio país como Dios se lo mandó. Incluso cuando Dios le pidió que ofreciera como sacrificio a su único y amado hijo Isaac, el cual le fue dado por Dios a la edad de cien años, Abraham obedeció inmediatamente porque pensó que Dios podría levantarlo de entre los muertos. Se le concedió grandes bendiciones y respuestas de Dios porque su fe fue aprobada por sus obras de obediencia:

"Y llamó el ángel de Jehová a Abraham por segunda vez desde el cielo, y dijo: Por mí mismo he jurado, dice Jehová, que por cuanto has hecho esto, y no me has

rehusado tu hijo, tu único hijo; de cierto te bendeciré, y
multiplicaré tu descendencia como las estrellas del cielo
y como la arena que está a la orilla del mar; y tu
descendencia poseerá las puertas de sus enemigos. En tu
simiente serán benditas todas las naciones de la tierra,
por cuanto obedeciste a mi voz" (Génesis 22:15-18).

Además encontramos en Génesis 24:1 que: *"Era Abraham*
ya viejo, y bien avanzado en años; y Jehová había bendecido a
Abraham en todo". También en Santiago 2:23 se nos recuerda:
"Y se cumplió la Escritura que dice: Abraham creyó a Dios, y
le fue contado por justicia, y fue llamado amigo de Dios".

Además de eso, Abraham fue grandemente bendecido en
todo porque confiaba en Dios, quien controla la vida y la muerte,
las bendiciones y las maldiciones, y le confió todo a Él.

Asimismo usted podrá disfrutar de las bendiciones de Dios
en todas las áreas de su vida y recibir respuesta a cualquier cosa
que pida, cuando comprenda el correcto significado de la fe y
muestre la evidencia de ella con hechos y actos propios de la
perfecta obediencia, de la misma manera que Abraham lo hiciera
en numerosas ocasiones.

2. El poder de la fe que no conoce límites

Por medio de la fe se puede tener comunión con Dios,
porque la fe es como la primera puerta del reino espiritual en el
mundo de cuatro dimensiones.

Solamente cuando atraviese la primera puerta, sus oídos y sus

ojos espirituales se abrirán de manera que podrá oír la Palabra de
Dios, y también podrá ver el reino espiritual.

Como resultado de ello, vivirá por la Palabra de Dios; recibirá
cualquier cosa que pida con fe, y vivirá gozosamente con la
esperanza puesta en el Reino de los Cielos. Además, cuando su
corazón esté lleno de gozo y de gratitud, y cuando la esperanza
por el Cielo llene su vida, amará a Dios por sobre todas las cosas
y solamente buscará agradarlo.

Entonces, debido a su fe, el mundo ya no tendrá la misma
importancia, ni será más digno de usted, porque no solo dará
testimonio del Señor con el poder que le ha sido otorgado por el
Espíritu Santo, sino que además será fiel hasta la muerte y amará
a Dios con toda su vida, como lo hizo el apóstol Pablo.

El mundo no es digno del poder de la fe

Al describir el poder del la fe, Hebreos 11:33-38 menciona la
fe de los patriarcas...

*"que por fe conquistaron reinos, hicieron justicia,
alcanzaron promesas, taparon bocas de leones,
apagaron fuegos impetuosos, evitaron filo de espada,
sacaron fuerzas de debilidad, se hicieron fuertes en
batallas, pusieron en fuga ejércitos extranjeros. Las
mujeres recibieron sus muertos mediante resurrección;
mas otros fueron atormentados, no aceptando el rescate,
a fin de obtener mejor resurrección. Otros
experimentaron vituperios y azotes, y a más de esto
prisiones y cárceles. Fueron apedreados, aserrados,*

puestos a prueba, muertos a filo de espada; anduvieron de acá para allá cubiertos de pieles de ovejas y de cabras, pobres, angustiados, maltratados; de los cuales el mundo no era digno; errando por los desiertos, por los montes, por las cuevas y por las cavernas de la tierra".

Aquellos cuya fe no es digna del mundo, pueden dejar no solo sus honores y riqueza terrenal, sino también pueden dar sus vidas. Como se lee en 1 Juan 4:18: *"En el amor no hay temor, sino que el perfecto amor echa fuera el temor; porque el temor lleva en sí castigo. De donde el que teme, no ha sido perfeccionado en el amor",* el temor saldrá de usted, de acuerdo a la medida de su amor.

Lo que es imposible con la fuerza humana llega a ser posible con el poder de Dios. Uno de Sus profetas, Elías, testificó al Dios vivo al hacer caer fuego del cielo. Eliseo salvó a su país por descubrir, con la inspiración del Espíritu Santo, dónde estaba localizado el campamento enemigo. Daniel sobrevivió en el foso de los leones hambrientos.

En el Nuevo Testamento hay muchos ejemplos de los que entregaron sus propias vidas por el evangelio del Señor.

Santiago, uno de los doce discípulos de Jesús nuestro Señor, fue el primer mártir entre ellos, al ser asesinado con una espada. Pedro, el principal discípulo de Jesucristo, fue crucificado con la cabeza para abajo. En su gran amor por el Señor, el apóstol Pablo tuvo gozo y estuvo siempre agradecido a Dios, incluso en la celda de una prisión y a pesar de ser casi asesinado y golpeado en numerosas ocasiones. Al final fue decapitado y llegó a ser un gran mártir del Señor.

Por otra parte, innumerables cristianos fueron devorados por leones en el Coliseo en Roma y otros tuvieron que vivir en catacumbas sin ver la luz del sol hasta su muerte por la atroz y dura persecución del Imperio romano. El apóstol Pablo se mantuvo en toda circunstancia firme y fiel a su fe y venció al mundo con gran fe. Por eso pudo confesar: *"¿Quién nos separará del amor de Cristo? ¿Tribulación, o angustia, o persecución, o hambre, o desnudez, o peligro, o espada?"* (Romanos 8:35).

La fe da respuesta a todos los problemas

Hay un episodio en Marcos 2 en el cual Jesús, al ver la fe de un paralítico y la de sus amigos, le dijo: *"Hijo tus pecados te son perdonados"* (v.5), y el paralítico fue sanado al instante en el mismo lugar. Cuando se supo que Jesús estaba en Capernaum, se reunió mucha gente alrededor de Él de tal manera que no cabían en la casa donde estaban, ni aun fuera de la puerta. El paralítico, cargado por sus cuatro amigos, no podía acercarse a Jesús debido a la multitud, así que sus amigos hicieron un agujero en el techo encima de Jesús, y después de sacar parte del terrado, bajaron el lecho en el que estaba acostado su amigo paralítico. Jesús consideró esa acción como evidencia de su fe y perdonó al paralítico sus pecados, diciendo: *"Hijo, tus pecados te son perdonados"* (v.5).

Sin embargo, algunos maestros de la ley que estaban sentados allí fueron escépticos y cavilaban dentro de sí mismos: *"¿Por qué habla éste así? Blasfemias dice; ¿quién puede perdonar pecados, sino solo Dios?"* (v.7). A ellos Jesús les dijo:

"¿Por qué caviláis así en vuestros corazones? ¿Qué es más fácil, decir al paralítico: Tus pecados te son perdonados, o decirle: Levántate, toma tu lecho y anda? Pues para que sepáis que el Hijo del Hombre tiene potestad en la tierra para perdonar pecados..." (v. 8-10).

Luego Jesús ordenó al paralítico: *"A ti te digo: Levántate, toma tu lecho, y vete a tu casa. Entonces él se levantó en seguida, y tomando su lecho, salió delante de todos, de manera que todos se asombraron, y glorificaron a Dios, diciendo: Nunca hemos visto tal cosa" (v. 11-12).*

Esta historia nos narra que todos los problemas en nuestra vida pueden ser solucionados cuando por fe somos perdonados de nuestros pecados. Y esto es posible porque hace cerca de dos mil años atrás, Jesús nuestro Salvador abrió el camino de la salvación redimiéndonos de todo tipo de problemas en la vida, tales como el pecado, la muerte, la pobreza, las enfermedades, y otros. (Para mayor ilustración, por favor consulte el libro *EL MENSAJE DE LA CRUZ*).

Puede recibir cualquier cosa que pida si es perdonado de su pecado de no vivir de acuerdo a la Palabra de Dios. Dios le promete en 1 Juan 3:21-22: *"Amados, si nuestro corazón no nos reprende, confianza tenemos en Dios; y cualquiera cosa que pidiéremos la recibiremos de él, porque guardamos sus mandamientos, y hacemos las cosas que son agradables delante de él".*

De esta manera, las personas que no levanten ese muro de pecados que los separa de Dios, pueden valiente y confiadamente pedir y recibir de Dios todo lo que le pidan.

Por eso, en Mateo 6 Jesús enfatiza que no deberían preocuparse por cómo vestir, o qué comer, o dónde vivir, sino en cambio deberían buscar primero el Reino de Dios y Su justicia:

> *"Por tanto os digo: No os afanéis por vuestra vida, qué habéis de comer o qué habéis de beber; ni por vuestro cuerpo, qué habéis de vestir. ¿No es la vida más que el alimento, y el cuerpo más que el vestido? Mirad las aves del cielo, que no siembran, ni siegan, ni recogen en graneros; y vuestro Padre celestial las alimenta. ¿No valéis vosotros mucho más que ellas? ¿Y quién de vosotros podrá, por mucho que se afane, añadir a su estatura un codo? Y por el vestido, ¿por qué os afanáis? Considerad los lirios del campo, cómo crecen: no trabajan ni hilan; pero os digo, que ni aun Salomón con toda su gloria se vistió así como uno de ellos. Y si la hierba del campo que hoy es, y mañana se echa en el horno, Dios la viste así, ¿no hará mucho más a vosotros, hombres de poca fe? No os afanéis, pues, diciendo: ¿Qué comeremos, o qué beberemos, o qué vestiremos? Porque los gentiles buscan todas estas cosas; pero vuestro Padre celestial sabe que tenéis necesidad de todas estas cosas. Mas buscad primeramente el reino de Dios y su justicia, y todas estas cosas os serán añadidas" (vv. 25-33).*

Si usted verdaderamente cree en la Palabra de Dios, primero buscará Su Reino y Su justicia. Las promesas de Dios son más confiables que cheques certificados, y Él añade todas las cosas que necesita de acuerdo a Su promesa, para que no solo tenga salvación y vida eterna, sino que además pueda prosperar en todo lo que haga en esta vida.

La fe controla incluso los fenómenos naturales

A través de Mateo 8:23-27 aprendemos acerca del poder de la fe que lo protege de cualquier imprevisto por tempestad, temporal o mal clima, y que incluso permite que usted pueda controlar esas situaciones. Todas las cosas son de hecho posibles con fe.

Jesús y Sus discípulos estaban en una barca cuando vino una feroz tormenta en el lago y las olas golpeaban sobre la barca.

> *"Y he aquí que se levantó en el mar una tempestad tan grande que las olas cubrían la barca; pero él dormía. Y vinieron sus discípulos y le despertaron, diciendo: ¡Señor, sálvanos, que perecemos! El les dijo: ¿Por qué teméis, hombres de poca fe? Entonces, levantándose, reprendió a los vientos y al mar; y se hizo grande bonanza" (vv. 24-26).*

Esta historia nos dice que no debemos temer a ninguna tormenta u ola violenta, sino más bien que podemos incluso controlar dichos fenómenos naturales, solamente si tenemos fe.

Si vamos a experimentar la poderosa fuerza de la fe que puede controlar el tiempo y el clima, entonces debemos alcanzar la plena certidumbre de fe como la de Jesús, con la cual todas las cosas son posibles. Por eso Hebreos 10:22 nos recuerda: *"Acerquémonos con corazón sincero, en plena certidumbre de fe, purificados los corazones de mala conciencia, y lavados los cuerpos con agua pura"*.

La Biblia nos señala que podemos recibir respuesta a todo lo que pidamos y que podemos hacer aún mayores cosas de las que hizo Jesús si tenemos la plena y total seguridad de nuestra fe.

"De cierto, de cierto os digo: El que en mí cree, las obras que yo hago, él las hará también; y aun mayores hará, porque yo voy al Padre. Y todo lo que pidiereis al Padre en mi nombre, lo haré, para que el Padre sea glorificado en el Hijo" (Juan 14:12-13).

Por lo tanto, debe entender que el poder de la fe es muy grande y debe alcanzar la clase de fe que Dios le pide, con la cual Él se complace y se agrada. Solo entonces recibirá, no solamente respuesta a todo lo que pida, sino que además hará cosas aun mayores que las que hizo Jesús.

3. La fe natural y la fe espiritual

Cuando Jesús dijo al centurión que vino a Él con fe: *"... Ve, y como creíste, te sea hecho"*, el criado del centurión fue sanado en ese mismo instante (Mateo 8:13). Como vemos, Dios responde en forma natural a la verdadera fe. Entonces, ¿por qué muchas personas no pueden recibir respuestas a sus oraciones aun cuando confiesan creer en el Señor?

Es porque existe una fe espiritual por la cual uno puede tener comunión con Dios y recibir respuestas de parte de Él, y una fe natural con la cual uno no puede recibir ninguna respuesta, porque esa clase de fe no tiene ninguna relación con Dios.

Examinemos, entonces, las diferencias entre estas dos clases de fe.

La fe natural es fe intelectual o del conocimiento

"La fe natural" se refiere al tipo de fe con la cual se cree en algo porque puede verlo con sus ojos naturales y porque está de acuerdo con su propio conocimiento o sentido común. Esta especie de fe, a menudo es llamada "fe intelectual o del conocimiento" o "fe de la razón".

Por ejemplo, no solamente los que han visto el proceso de fabricación de un escritorio de madera, sino también los que han oído sobre este proceso, indudablemente creerán cuando los demás digan: "Un escritorio está hecho de madera". Cualquiera puede tener esta clase de fe porque cree que algo es hecho de algún material. Es decir, las personas siempre piensan que las cosas visibles o existentes son la materia prima para hacer alguna otra cosa.

Desde que nacen las personas guardan y almacenan conocimientos dentro del sistema de memorización de sus cerebros. Memorizan lo que ven, oyen y lo que aprenden de sus padres, de sus parientes, de sus vecinos, o en la escuela, y utilizan dicho conocimiento guardado en su cerebro cuando lo necesitan.

Dentro de este conocimiento almacenado, hay muchas falsedades que están en contra de la Palabra de Dios. La Palabra es la verdad invariable que nunca cambia, pero la mayor parte del conocimiento humano es falso y cambia con el transcurrir del tiempo. A pesar de eso, la gente considera lo falso como verdadero porque no conocen lo que es exactamente la verdad. Por ejemplo, las personas consideran verdadera la teoría de la evolución porque es lo que se les enseñó en la escuela. Por eso, no creen que algo pueda ser hecho de la nada.

La fe natural es una fe sin obras; está muerta.

En primer lugar, las personas con fe natural, aunque asistan a la iglesia y escuchen la Palabra de Dios, no pueden aceptar ni concebir que Dios creara algo de la nada, porque el conocimiento que han adquirido desde su nacimiento es contrario a la Palabra de Dios. No creen en los milagros registrados en la Biblia. Creen en la Palabra de Dios cuando están llenos del Espíritu Santo y de la gracia, pero comienzan a dudar cuando pierden la gracia. Incluso empiezan a pensar que las respuestas que recibieron de Dios fueron casualidad.

En consecuencia, las personas con fe natural tienen conflictos en sus corazones, y no hacen confesiones de corazón, aunque con sus labios declaran creer. Tampoco tienen comunión con Dios ni son amados por Dios porque no viven de acuerdo a Su Palabra.

Pongamos un ejemplo. Normalmente, es natural vengarse de un enemigo; pero la Biblia nos enseña que debemos amar a nuestros enemigos y volver nuestra mejilla izquierda cuando alguien golpea nuestra mejilla derecha. Una persona con fe natural tiene que devolver el golpe para sentirse satisfecho cuando alguien lo ataca. Como ha vivido toda su vida de esta manera, le es más fácil tener odio, envidia y celos de los demás.

Asimismo, le es pesado y molesto vivir por la Palabra de Dios y no puede tener gozo ni agradecimiento en su vida porque la Palabra no concuerda con su pensamiento.

Como está escrito en Santiago 2:26: *"Porque como el cuerpo sin espíritu está muerto, así también la fe sin obras está muerta"*, la fe natural es una fe sin obras, que está muerta. Las personas con una fe muerta no pueden recibir la salvación ni respuestas de Dios. Sobre esto Jesús nos dice: *"No todo el que me dice: Señor, Señor, entrará en el reino de los cielos, sino el que hace la voluntad de mi Padre que está en los cielos"* (Mateo 7:21).

Dios acepta la fe espiritual

La fe espiritual es dada cuando uno cree, aun cuando no pueda ver nada a simple vista o a pesar de que no lo entienda con su propio conocimiento o pensamiento. Es creer que Dios hizo algo de la nada.

Las personas con fe espiritual creen sin ninguna duda, que Dios por Su Palabra creó los cielos y la tierra, y formó al hombre del polvo de la tierra. La fe espiritual no es algo que se pueda obtener porque simplemente uno lo desea, es dada solo por Dios. Las personas que tienen fe espiritual indudablemente creen, sin la mínima duda, en los milagros registrados en la Biblia, por lo que no les es difícil vivir de acuerdo a la Palabra de Dios y recibir respuestas a todo lo que pidan con fe.

Dios acepta y aprueba la fe espiritual acompañada de obras, y por esta fe se puede ser salvo, ir al cielo y recibir las respuestas a sus oraciones.

La fe espiritual es "una fe viva" acompañada de obras

Cuando usted tiene fe espiritual, Dios lo aprueba y protege, y asegura su vida con Sus respuestas y bendiciones. Por ejemplo, imagine que hay dos labradores que trabajan en las tierras de sus amos. Bajo las mismas circunstancias, uno cosecha cinco sacos de arroz, y el otro, tres sacos. ¿Con cuál de los dos labradores estará más complacido el amo? Naturalmente, el labrador que ha cosechado cinco sacos de arroz será el más favorecido y habrá complacido más a su amo.

Los dos labradores cosecharon la misma tierra en forma diferente según su propio esfuerzo. El labrador que cosechó cinco sacos de arroz debe de haber arrancado cuidadosamente las malas hierbas y regado frecuentemente las semillas con mucho esfuerzo. Por el contrario, el otro labrador no pudo cosechar más de tres sacos de arroz porque fue perezoso y descuidó demasiado su trabajo.

Dios juzga a cada persona según sus frutos. Solo cuando muestre su fe por sus obras de obediencia, Dios la considerará como fe espiritual y lo bendecirá.

La noche que Jesús fue arrestado, Pedro, uno de sus discípulos, le dijo: *"...Aunque todos se escandalicen de ti, yo nunca me escandalizaré"* (Mateo 26:33). Sin embargo, Jesús le dijo: *"De cierto te digo que esta noche, antes que el gallo cante, me negarás tres veces".* (v. 34) Pedro hizo una confesión con todo su corazón, pero Jesús sabía que Pedro lo traicionaría cuando su vida estuviese amenazada.

Pedro aún no había recibido el Espíritu Santo y llegó a negar a Jesús tres veces cuando su vida estuvo en peligro luego de que Jesús fue arrestado. Sin embargo, Pedro fue totalmente transformado después que recibió el Espíritu Santo.

Su fe intelectual o del conocimiento fue cambiada en una fe espiritual, y llegó a ser un apóstol con poder para predicar valientemente el evangelio.

El siguió por la senda de la justicia hasta que fue crucificado con la cabeza para abajo.

De igual forma, usted puede confiar y obedecer a Dios en cualquier situación si tiene fe espiritual. Para poseer fe espiritual, debe esforzarse por obedecer completamente la Palabra de Dios y lograr un corazón inmutable. A través de vivir una fe espiritual acompañada por obras, puede recibir la salvación y la vida eterna, transformarse en un hombre de verdad perfecta, y gozar de las maravillosas bendiciones en su espíritu y en su cuerpo.

Sin embargo, con una fe natural, muerta y sin obras, no podrá recibir la salvación ni tampoco las respuestas de Dios; no importa lo mucho que trate ni el tiempo que haya asistido a la iglesia.

4. ¿Cómo poseer fe espiritual?

¿Cómo puede cambiar su fe natural en fe espiritual y hacer "de lo que espera" una realidad y "de lo que no se ve" una prueba visible? ¿Qué debe hacer para tener fe?

Desechar todo pensamiento y teoría humana

Gran parte del conocimiento que ha adquirido desde su nacimiento le impide tener una fe espiritual porque va en contra de la Palabra de Dios. Por ejemplo, una teoría como la de la evolución niega que el universo haya sido creado por Dios. En consecuencia, los seguidores de la evolución no pueden aceptar que Dios haya creado algo de la nada. ¿Cómo, entonces, podrán creer que *"En el principio creó Dios los cielos y la tierra"* (Génesis 1:1)?

Por lo tanto, para tener fe espiritual se debe derribar todo tipo de pensamiento y teoría que esté en contra de la Palabra de Dios, como la teoría de la evolución, que le impide creer a Su Palabra registrada en la Biblia. A menos que se despoje de sus pensamientos y teorías que van en contra de Su Palabra, no podrá creer en la Palabra de Dios escrita en la Biblia, sin importar cuán apasionadamente trate de hacerlo.

Más aún, no importa cuán diligentemente asista a la iglesia y a los servicios de adoración, nunca podrá llegar a tener fe espiritual de esa forma. Es por eso que muchos se han alejado del camino de la salvación y no reciben respuestas de Dios a sus oraciones aun cuando asisten regularmente a la iglesia.

El apóstol Pablo tenía solo fe natural antes de conocer en

visión al Señor Jesús en el camino a la ciudad de Damasco. No había confesado a Jesús como Salvador de todos los hombres, más bien encarcelaba y perseguía a muchos cristianos.

Por lo tanto, debe remover y eliminar toda clase de pensamiento y teoría que se levante en contra de la Palabra de Dios para así transformar su fe natural en fe espiritual. A través del apóstol Pablo, Dios nos recuerda lo siguiente:

"Porque las armas de nuestra milicia no son carnales, sino poderosas en Dios para la destrucción de fortalezas, derribando argumentos y toda altivez que se levanta contra el conocimiento de Dios, y llevando cautivo todo pensamiento a la obediencia a Cristo, y estando prontos para castigar toda desobediencia, cuando vuestra obediencia sea perfecta" (2 Corintios 10:4-6).

Pablo llegó a ser un gran predicador del evangelio solamente después que tuvo fe espiritual; luego de derribar todo tipo de pensamiento, teoría, y argumento que se opusiera a Dios. El tomó la delantera en la evangelización a los gentiles y llegó a ser, en ese tiempo, la "piedra angular" en la misión de evangelización a nivel mundial. Finalmente, Pablo pudo hacer una confesión tan valiente como la que sigue:

"Pero cuantas cosas eran para mí ganancia, las he estimado como pérdida por amor de Cristo. Y ciertamente, aun estimo todas las cosas como pérdida por la excelencia del conocimiento de Cristo Jesús, mi

*Señor, por amor del cual lo he perdido todo, y lo tengo
por basura, para ganar a Cristo, y ser hallado en él, no
teniendo mi propia justicia, que es por la ley, sino la que
es por la fe de Cristo, la justicia que es de Dios por la
fe" (Filipenses 3:7-9).*

Aprender apasionadamente la Palabra de Dios

Romanos 10:17 nos enseña: *"Así que la fe es por el oír, y el
oír, por la palabra de Dios".* Debe escuchar y aprender la
Palabra de Dios; si no conoce la Palabra de Dios, no puede vivir
por ella. Si no actúa de acuerdo a la Palabra de Dios, sino más
bien la tiene guardada solo como simple conocimiento, Dios no
le podrá dar fe espiritual porque podría llegar a enorgullecerse de
su conocimiento.

Imagine que hay una niña que espera llegar a ser una famosa y
renombrada pianista. No importa cuántas veces lea los libros de
música y aprenda teorías musicales, no podrá ser una gran
pianista si no practica. De la misma manera, a menos que
obedezca la Palabra de Dios, es inútil cuán intensamente la lea,
oiga, y la aprenda. Solamente puede obtener y alcanzar la fe
espiritual cuando actúa por la Palabra de Dios.

Obedecer a la Palabra de Dios

Por lo tanto, debe creer en el Dios vivo y guardar Su Palabra
bajo toda circunstancia. Si luego de escuchar la Palabra de Dios,
la cree sin ninguna duda, entonces llegará a obedecerla. Así,
podrá tener seguridad y confianza en su corazón porque la

Palabra de Dios en verdad se habrá cumplido. Y luego se esforzará por vivir más íntegramente conforme a la Palabra de Dios.

Repitiendo este proceso, podrá recibir la fe que le permita obedecer completa y totalmente a la Palabra, y la gracia y la fuerza de Dios vendrán sobre usted; será lleno con el Espíritu Santo y todo le irá bien.

En el tiempo del Éxodo, hubo al menos seiscientos mil hombres israelitas de veinte años de edad o más. Al final, sin embargo, solamente dos de ellos, Josué y Caleb, pudieron entrar a la tierra prometida de Canaán. Excepto por estos dos, ningún otro confió de corazón en la promesa de Dios, ni le obedeció.

En Números 14:11, Dios le dice a Moisés: *"y Jehová dijo a Moisés: ¿Hasta cuándo me ha de irritar este pueblo? ¿Hasta cuándo no me creerán, con todas las señales que he hecho en medio de ellos?"*

Todos ellos conocían muy bien acerca de Dios, y ya que habían presenciado Su poder con las diez plagas que trajo sobre Egipto y la división en dos del Mar Rojo, ellos también pensaban que creían en Dios. Experimentaron la dirección y la presencia de Dios en una columna de fuego por la noche y en una columna de nube durante el día y comieron maná que caía del cielo todos los días.

Sin embargo, cuando Dios les ordenó entrar en la tierra de Canaán, no le obedecieron porque tuvieron miedo de los cananeos, más bien se quejaron y se opusieron a Moisés y Aarón. Fue porque no tenían fe espiritual para obedecer a Dios, si bien tuvieron fe natural luego de ver y oír muchas veces las milagrosas obras del poder de Dios.

A fin de tener y poseer fe espiritual, debe creerle a Dios y obedecer Su Palabra en todo tiempo. Si verdaderamente le ama, le obedecerá, y Él a Su vez, responderá a su oración y, al final, lo guiará a la vida eterna.

Romanos 10:9-10 nos recuerda: *"que si confesares con tu boca que Jesús es el Señor, y creyeres en tu corazón que Dios le levantó de los muertos, serás salvo. Porque con el corazón se cree para justicia, pero con la boca se confiesa para salvación"*.

"Creer en su corazón" no se refiere a la fe como conocimiento, sino a la fe espiritual con la cual se cree algo sin ninguna duda en su corazón. Aquellos que creen en su corazón a la Palabra de Dios y la obedecen, llegan a ser justos, y gradualmente se asemejan al Señor. Su confesión: "Yo creo en el Señor", es verdadera y por eso reciben la salvación.

Es mi oración en el nombre del Señor y mi deseo personal que todos ustedes posean esta fe espiritual para obedecer la Palabra de Dios acompañada de hechos y de obras. Así podrán agradar a Dios y disfrutar de una vida plena de Su poder, por medio del cual, todas las cosas son posibles.

Capítulo 2

EL CRECIMIENTO DE LA FE ESPIRITUAL

LA MEDIDA DE FE

*"Os escribo a vosotros, hijitos, porque vuestros pecados os han
sido perdonados por su nombre. Os escribo a vosotros, padres,
porque conocéis al que es desde el principio. Os escribo a vosotros,
jóvenes, porque habéis vencido al maligno. Os escribo a vosotros,
hijitos, porque habéis conocido al Padre. Os he escrito a vosotros,
padres, porque habéis conocido al que es desde el principio.
Os he escrito a vosotros, jóvenes, porque sois fuertes,
y la palabra de Dios permanece en vosotros,
y habéis vencido al maligno".*

(1 Juan 2:12-14)

Usted puede disfrutar de los derechos y de las bendiciones de un hijo de Dios si tiene la fe espiritual. No solo recibirá salvación e irá al Cielo, sino que además recibirá respuestas a todo aquello que pida. Además, si tiene la fe que agrada a Dios al obedecer Su Palabra, todo será posible para usted por medio de su fe.

Esto es lo que Jesús nos dice en Marcos 16:17-18: *"Y estas señales seguirán a los que creen: En mi nombre echarán fuera demonios; hablarán nuevas lenguas; tomarán en las manos serpientes, y si bebieren cosa mortífera, no les hará daño; sobre los enfermos pondrán sus manos, y sanarán"*

Un pequeño grano de mostaza crece hasta llegar a ser un gran árbol

Cuando Jesús vio que Sus discípulos no podían echar fuera un demonio, les dijo que tenían poca fe, y agregó que todo es posible, incluso con una fe tan pequeña como un grano de mostaza. Nos dice en Mateo 17:20: *"Por vuestra poca fe; porque de cierto os digo, que si tuviereis fe como un grano de mostaza, diréis a este monte: 'Pásate de aquí allá,' y se pasará; y nada os será imposible".*

Un grano de mostaza es tan pequeño como la marca que deja un bolígrafo sobre una hoja de papel. Aún con una fe tan

pequeña, puede mover una montaña de un lugar a otro y todo
será posible para usted.

¿Es su fe tan pequeña como un grano de mostaza? ¿Se mueve
una montaña de un lugar a otro cuando usted así lo ordena? ¿Es
todo posible para usted? En vista de que es imposible
comprender lo que significa el pasaje sin entender
completamente su significado espiritual, permítanme
profundizar en ello con una parábola que dijo Jesús sobre una
semilla de mostaza:

> *"Otra parábola les refirió, diciendo: El reino de los*
> *cielos es semejante al grano de mostaza, que un hombre*
> *tomó y sembró en su campo; el cual a la verdad es la*
> *más pequeña de todas las semillas; pero cuando ha*
> *crecido, es la mayor de las hortalizas, y se hace árbol,*
> *de tal manera que vienen las aves del cielo y hacen*
> *nidos en sus ramas" (Mateo 13:31-32).*

La semilla de mostaza es la más pequeña de entre todas las
semillas, pero cuando crece, llega a ser un árbol grande, muchas
aves vienen y posan en sus ramas. Jesús usó la parábola de la
semilla de mostaza para enseñarnos que podemos mover una
montaña de un lugar a otro, y que todas las cosas son posibles si
su pequeña fe madura. Los discípulos de Jesús debían haber
tenido una gran fe con la cual todas las cosas les hubieran sido
posibles porque ellos habían estado con Él por un largo tiempo y
habían visto directamente muchas maravillosas obras de Dios.
Sin embargo, Jesús les reprendió porque no tenían mucha fe.

La medida completa de la fe

Una vez que recibe el Espíritu Santo y obtiene la fe espiritual, su fe debería madurar hacia la total dimensión en que todas las cosas le sean posibles. Dios desea que reciba respuesta a todo lo que pida aumentando su fe.

Efesios 4:13-15 nos recuerda: *"hasta que todos lleguemos a la unidad de la fe y del conocimiento del Hijo de Dios, a un varón perfecto, a la medida de la estatura de la plenitud de Cristo; para que ya no seamos niños fluctuantes, llevados por doquiera de todo viento de doctrina, por estratagema de hombres que para engañar emplean con astucia las artimañas del error, sino que siguiendo la verdad en amor, crezcamos en todo en aquel que es la cabeza, esto es, Cristo".*

Es natural que cuando un bebé nace, su nacimiento sea registrado en las oficinas gubernamentales correspondientes, y luego crezca hasta ser un niño, y luego un joven. En su debido tiempo, se casa, tiene hijos, y llega a ser padre.

De la misma manera, si llega a ser un hijo de Dios por medio de Jesucristo; y su nombre es inscrito en el Libro de la Vida en el Reino de los Cielos, su fe deberá crecer cada día hasta alcanzar la fe de un niño, luego de un joven, y posteriormente, de un padre.

Es por eso que 1 Corintios 3:2-3 nos enseña: *"Os di a beber leche, y no vianda; porque aún no erais capaces, ni sois capaces todavía, porque aún sois carnales; pues habiendo entre vosotros celos, contiendas y disensiones, ¿no sois carnales, y andáis como hombres?"*

Exactamente, al igual que un bebé recién nacido tiene que

beber leche para vivir, un bebé espiritual tiene que beber leche espiritual para crecer. ¿Cómo, entonces, puede crecer un bebé espiritual y llegar a ser un padre?

1. La fe de un bebé

1 Juan 2:12 indica: *"Os escribo a vosotros, hijitos, porque vuestros pecados os han sido perdonados por su nombre"*. Este versículo nos dice que alguien que no conoce a Dios será perdonado de sus pecados cuando acepta a Jesucristo, y recibirá lo justo para llegar a ser un hijo de Dios por medio del Espíritu Santo que llega a morar en su corazón (Juan 1:12).

Solo por el nombre de Jesucristo se puede ser perdonado y recibir salvación. Sin embargo, la gente del mundo considera el cristianismo como una clase de religión que es buena para la salud mental y formula una interrogante reprochable: "¿Por qué dicen que podemos ser salvos solamente por medio de Jesucristo?"

Entonces, ¿por qué es Jesucristo nuestro único Salvador? El ser humano no puede ser salvo por ningún otro nombre sino por el de Jesucristo, y solamente puede ser perdonado de sus pecados por medio de la sangre de Jesús quien murió en la cruz.

Hechos 4:12 afirma: *"Y en ningún otro hay salvación; porque no hay otro nombre bajo el cielo, dado a los hombres, en que podamos ser salvos"*, y Hechos 10:43 indica: *"De éste dan testimonio todos los profetas, que todos los que en él creyeren, recibirán perdón de pecados por su nombre"*.

Por tanto, la providencia y la voluntad de Dios es que los

hombres se salven a través de Jesucristo.

En la historia de la humanidad, ha habido hombres que fueron llamados "grandes" o "magníficos", tales como Sócrates, Confucio, Buda, etc. Desde la perspectiva de Dios, sin embargo, todos ellos no fueron más que criaturas y pecadores porque todos los hombres han nacido con el pecado original, heredado de Adán, quién pecó desobedeciendo a Dios, y también el pecado heredado de sus padres.

Sin embargo, Jesús tiene el poder espiritual y reúne las cualidades y condiciones pertinentes para ser el Salvador de la humanidad: Él no tuvo pecado original porque fue concebido por el Espíritu Santo. Además, no cometió ningún pecado durante toda Su vida. De esa manera, tuvo el poder necesario para salvar a la humanidad porque no tuvo mancha alguna; y además tuvo el suficiente amor para sacrificar incluso Su propia vida por los pecadores.

Por lo tanto, si cree que Jesucristo es el único camino verdadero de la salvación y lo acepta como su Salvador, será perdonado de todos sus pecados, recibirá el Espíritu Santo como un regalo de Dios, y será sellado como Su hijo.

La fe del criminal al lado de Jesús

Cuando Jesús fue colgado en la cruz para llevar los pecados de la humanidad, uno de los dos criminales que estaban al lado de Jesús, justo antes de morir, se arrepintió de sus pecados y lo aceptó como su Salvador. Por ello, fue sellado como hijo de Dios y entró al Paraíso. Dios llama "mis hijitos" a todos aquellos que han nacido de nuevo al aceptar a Jesucristo.

Algunos argumentan diciendo: "Ya que un criminal aceptó a Jesús como su Salvador y fue salvo justo antes de su muerte, pues yo me divertiré tanto como pueda en este mundo y aceptaré a Jesucristo como mi Salvador justo antes de morir. ¡Y también iré al cielo!" Sin embargo esa idea es absolutamente falsa.

¿Cómo pudo el criminal aceptar a Jesús como su Salvador cuando estaba siendo ridiculizado e insultado por gente perversa y estaba agonizando junto con él en la cruz? El criminal ya había escuchado con anterioridad el mensaje de Jesús y debía haber pensado que podía ser el Mesías. Confesó su fe en Jesús y lo aceptó como su Salvador al ser colgado en la cruz al lado de Él. De esa manera, fue salvo y pudo entrar al Paraíso.

Asimismo, todos tienen el derecho de llegar a ser hijos de Dios cuando aceptan a Jesús como su Salvador y reciben el Espíritu Santo. Es por eso que Dios lo llama "mi hijito". Por ejemplo, cuando un bebé nace, su nacimiento es registrado y llega a ser ciudadano del país en el que nace. De igual forma, usted puede adquirir la ciudadanía celestial y ser reconocido como un hijo de Dios, si su nombre está inscrito en el Libro de la Vida.

Así, la fe de los bebés o la de los infantes se refiere a la fe de las personas que solo han aceptado a Jesucristo como su Salvador, han sido perdonados de sus pecados y han llegado a ser hijos de Dios y sus nombres están inscritos en el Libro de la Vida en el Cielo.

2. La fe de un niño

Las personas que vuelven a nacer como hijos de Dios al aceptar a Jesucristo como su Salvador y tienen vida espiritual, maduran en su fe hasta alcanzar primero la fe de un niño. Cuando un bebé deja de lactar o de recibir el pecho de su madre, es decir, cuando es destetado, ya puede reconocer a sus padres y distinguir ciertos elementos de su entorno y a algunas personas.

Sin embargo, los niños saben muy poco del mundo que los rodea por lo que deben estar bajo la protección de sus padres. Cuando se les pregunta si conocen quienes son sus padres, probablemente dirán que "sí". Sin embargo, si se les pregunta acerca de la ciudad donde nacieron sus padres o sus abuelos no serán capaces de responder. Hasta ese momento, los niños no conocen detalladamente a sus padres, aunque digan: "Conozco a mi mamá y a mi papá".

Si los padres compran juguetes para sus hijos, el niño puede decir si es un carro o una muñeca, pero no saben cómo fue hecho el carro de juguete o dónde fue comprada la muñeca.

Por lo tanto, los niños conocen parte de las cosas que pueden ver con sus ojos, pero no entienden los detalles de las cosas que no pueden ver.

Espiritualmente los niños tienen la fe de los que comienzan a conocer a Dios el Padre, ellos gozan de la gracia de la fe después que aceptan a Jesucristo y reciben el Espíritu Santo. En 1 Juan 2:13 dice: *"...Os escribo a vosotros, hijitos, porque habéis conocido al Padre"*. Aquí, "porque habéis conocido al Padre" indica que las personas con la fe de un niño han aceptado a Jesucristo y han aprendido la Palabra de Dios al asistir a una iglesia.

Así como un bebé al comienzo conoce poco pero según va creciendo puede reconocer a su padre y a su madre, los nuevos creyentes también, conforme asisten a la iglesia y escuchan Su

Palabra, llegan a entender gradualmente la voluntad y el corazón de Dios Padre. Sin embargo, aún no son capaces de obedecer a la Palabra porque no tienen suficiente fe.

Por lo tanto, la fe de un niño es la fe de los que conocen la verdad por haberla escuchado, pero algunas veces la obedecen y otras no. Este nivel de fe aún no es perfecto.

¿Quién llama a Dios "Padre"?

Si alguien no ha aceptado a Jesucristo pero confiesa conocer a Dios, está mintiendo. Todavía hay quienes dicen: "No asisto a la iglesia, pero conozco a Dios". Ellos son los que han leído la Biblia una o dos veces, y antes solían asistir a la iglesia, o han oído de Dios aquí y allá. Sin embargo, ¿conocen verdaderamente a Dios el Creador?

Si de hecho conocieran a Dios, deberían saber entonces por qué Jesús es el Unigénito Hijo de Dios, por qué Dios lo envió a este mundo, y por qué Dios puso el árbol de la ciencia del bien y del mal en el Huerto del Edén. Asimismo, deberían saber de la existencia del Cielo y del Infierno, y cómo llegar a ser salvos y entrar al Cielo.

Por otra parte, si entendieran verdaderamente estas realidades, no habría nadie que rechazara ir a la iglesia ni rehusara vivir por la Palabra de Dios. Sin embargo, no van a la iglesia ni llaman a Dios "Padre" porque ni siquiera creen en Dios ni lo conocen.

Del mismo modo, algunas personas del mundo que no creen en Dios dicen conocerlo, pero eso no es verdad. No pueden reconocer a Dios ni llamarlo "Padre" porque no conocen a

Jesucristo y no viven en Su Palabra (Juan 8:19).

Las personas llaman a Dios de diferentes maneras

Según la medida de su fe, los creyentes llaman al mismo Dios de diferente manera. Nadie lo llama "Dios Padre" antes de aceptar a Jesucristo como su Salvador. Es natural que no lo llamen "Padre" porque aún no han vuelto a nacer.

¿Cómo llaman los nuevos creyentes a Dios? Ellos son un poco tímidos y simplemente lo llaman "Dios". No lo pueden llamar dulcemente "Dios mi Padre", sin sentirse más bien incómodos o poco familiarizados porque no lo han servido como su Padre.

Sin embargo, el nombre con el cual los creyentes llaman a Dios cambia según su fe vaya creciendo a la medida de la fe de un niño. Ellos lo llaman "Padre" cuando tienen la fe de un niño, igual como los niños llaman alegremente a sus padres "Papi". Por supuesto, para ellos no es malo llamarlo simplemente "Dios" o "Dios Padre". Si su fe madura más, llegarán a llamarlo "Padre Dios" en vez de "Dios el Padre". Además solo lo llaman "Padre" cuando oran a Dios.

¿De qué forma piensa que a Dios le parecería más hermoso y más íntimo que lo llamen: uno que lo llama "Dios" o uno que lo llama "Padre"? ¡Cuán complacido se sentirá Dios cuando usted lo llame "mi Padre", desde lo profundo de su corazón!

Proverbios 8:17 dice: *"Yo amo a los que me aman, y me hallan los que temprano me buscan"*.

Cuanto más ame a Dios, más le amará Él. Cuanto más lo busque, más rápido recibirá Sus respuestas.

En realidad, como hijo suyo, vivirá en el Cielo para siempre llamando a Dios "Padre".

Así que esta vida es también para usted solo una preparación para tener una relación íntima y personal con Dios. Por lo tanto, debe cumplir con su deber como hijo de Dios y mostrar la evidencia que lo ama obedeciendo totalmente a Sus mandamientos.

3. La fe de un joven

Así como un niño crece para llegar a ser un adolescente fuerte y con más discernimiento, la fe de un niño madura hasta llegar a ser la fe de un joven. Es decir, después de una fase de niñez espiritual en la fe, a través de la oración y de la Palabra de Dios, el nivel de fe de las personas crece hasta llegar espiritualmente a la de los jóvenes, quienes ya saben cuál es la voluntad de Dios el Padre y qué cosa es el pecado.

Los jóvenes son fuertes y valientes

Son muy pocos los niños que conocen bien la ley de un país. Ellos están bajo la protección de sus padres, e incluso si cometen un crimen, los responsables de eso son sus padres porque no han educado apropiadamente a sus hijos. Los niños no saben exactamente lo que es el pecado, lo que es la justicia, y cuál es el deseo de sus padres, debido a que aún están en el proceso de aprendizaje.

¿Qué sucede con los adolescentes? Son fuertes, de

temperamento vivo, y propensos a pecar. Tienen deseos de ver, aprender, y experimentar todo, y tienden a imitar a los demás. Ellos son curiosos en todos los aspectos, tercos, y confiados en que no hay nada que no puedan hacer.

De la misma manera, los jóvenes espirituales no buscan las cosas terrenales, sino más bien teniendo la esperanza por el cielo, buscan la llenura del Espíritu Santo y rechazan el pecado con la Palabra de Dios porque tienen una fe fuerte. Bajo toda circunstancia llevan una vida en victoria, venciendo al mundo y al enemigo con inquebrantable valentía, porque la Palabra permanece en ellos.

Venciendo y dominando al diablo

¿Cómo es que entonces los jóvenes con una fe fuerte y valiente vencen al mundo de pecado y al diablo? Aquellos que aceptan a Jesucristo obtienen el derecho de ser hijos de Dios y triunfalmente en la verdad derrotan al maligno. El diablo, aunque es fuerte, no se atreve a hacer alguna cosa ante los hijos de Dios. Así, vemos en 1 Juan 2:13: *"...Os escribo a vosotros, jóvenes, porque habéis vencido al maligno...".*

Pueden vencer al maligno cuando se sujetan a la verdad porque la Palabra de Dios debe permanecer en ustedes. Así como las personas no pueden cumplir la ley si no la conocen, ustedes no pueden vivir por la Palabra de Dios sin conocerla.

Por lo tanto, necesitan guardar la Palabra en su corazón y vivirla, rechazando toda clase de pecado. De esa manera, los que tengan la fe de un joven pueden vencer al mundo con la Palabra de Dios. Por eso en 1 Juan 2:14 se lee: *"Os he escrito a vosotros,*

padres, porque habéis conocido al que es desde el principio.
Os he escrito a vosotros, jóvenes, porque sois fuertes, y la
palabra de Dios permanece en vosotros, y habéis vencido al
maligno".

4. La fe de un padre

Cuando los jóvenes crecen con un espíritu fuerte y resistente,
y llegan a ser adultos, están aptos para evaluar y entender cada
situación y, después de muchas experiencias, lograrán la sabiduría
necesaria para ser lo suficientemente prudentes y humillarse
cuando sea necesario. Las personas con la fe de un padre conocen
el origen de Dios detalladamente y entienden Su providencia
porque tienen una profunda fe espiritual.

¿Quién conoce el principio y el origen de Dios?

Los padres son diferentes de los jóvenes en muchos aspectos.
Los jóvenes son inmaduros porque carecen de experiencia, aun
cuando hayan aprendido muchas cosas. Como consecuencia, hay
muchas situaciones y circunstancias que los jóvenes no
entienden, mientras que los padres las comprenden bien porque
han experimentado diversos aspectos de la vida.

Los padres entienden además por qué las familias desean
tener hijos, cuán doloroso es dar a luz un niño, y cuán difícil es
criarlo. Conocen su familia: de dónde vienen sus padres, cómo se
conocieron y se casaron, y cosas así.

Hay un proverbio coreano que dice: "Solo cuando de a luz a

sus propios hijos podrá entender verdaderamente el corazón de sus padres". De igual manera, solamente los que tienen la fe de un padre pueden entender completamente el corazón de Dios Padre. De tales cristianos con esa madurez, 1 Juan 2:13 dice: *"Os escribo a vosotros, padres, porque conocéis al que es desde el principio"*.

Además, aquellos que tienen la fe de los padres llegan a ser ejemplo para muchos y aceptan y entienden a toda clase de personas porque son humildes y pueden mantenerse firmes en la verdad, sin desviarse de ella.

Si comparamos la fe de los padres con la temporada de cosecha, la fe de los jóvenes se parece a un fruto que aún está verde. Los que tienen la fe de un joven son comparados con la cosecha prematura porque tienden a empecinarse en su propio pensamiento y teoría.

Sin embargo, del modo en que Jesús nos enseñó el ejemplo de servicio lavando los pies de Sus discípulos, los padres espirituales, a diferencia de los jóvenes, dan frutos maduros en obras y dan la gloria a Dios con esos frutos de obras.

Para tener el corazón de Jesucristo

Dios desea que Sus hijos tengan Su corazón, que es el mismo desde el principio; y el de Jesucristo, quien se humilló a Sí mismo, haciéndose obediente hasta la muerte (Filipenses 2:5-8). Por esta razón, Dios permite pruebas en la vida de Sus hijos, y a través de esas pruebas su fe va madurando y adquieren paciencia y esperanza. De este modo, su fe aumenta hasta llegar al nivel de la fe de un padre.

En Lucas 17, Jesús enseñó a Sus discípulos por medio de la parábola del siervo. Un siervo trabajó en el campo todo el día y al atardecer retornó a la casa, pero no hubo nadie quien le dijese, "¡Bien hecho! Descansa y siéntate a la mesa". En cambio, el sirviente tuvo que preparar la cena para su amo y servirle; solamente después de eso se pudo sentar y cenar. Además nadie le dijo: "¡Muchas gracias por tu arduo trabajo!", aunque hizo todo lo que su señor le mandó. El siervo solo dijo: "Siervo inútil soy, solo he cumplido con mi deber".

De la misma manera, deben ser personas humildes y obedientes, que digan: "Siervos inútiles somos; solo hemos hecho lo que debíamos hacer", incluso después de hacer todo lo que Dios les había mandado que hiciesen. Los que tienen la fe de un padre conocen la profundidad y altura del corazón de Dios, quien es el mismo desde el principio, y además tienen el corazón de Jesucristo, quien se humilló a Sí mismo y llegó a ser obediente hasta la muerte. De esta forma, Dios reconoce y exalta a lo sumo a estas personas, quienes brillarán en el Cielo como el sol.

Así como una semilla de mostaza crece y llega a ser un árbol grande en el cual muchas aves se posan, la fe espiritual crece desde la medida de fe de un bebé, a la de un niño, de un joven, y de un padre. ¡Qué bendición maravillosa tiene cuando conoce al Único que es desde el comienzo, que tiene la suficiente fe para entender Su altura y profundidad, y es capaz de cuidar a las muchas almas que estaban perdidas de la manera en que lo hizo Jesús!

¡Es mi deseo y mi oración que puedan tener el corazón del Señor, abundante en generosidad y amor; que posean la fe de un padre, que den abundantes frutos, y brillen por siempre como el sol en el Cielo, en el nombre de nuestro Señor Jesucristo!

Capítulo 3

LA MEDIDA DE FE DE
CADA PERSONA

"Digo, pues, por la gracia que me es dada,
a cada cual que está entre vosotros,
que no tenga más alto concepto de sí que el que debe tener,
sino que piense de sí con cordura,
conforme a la medida de fe que Dios repartió a cada uno".

(Romanos 12:3)

Dios permite que coseche tanto como ha sembrado y lo recompensa de acuerdo a lo que ha hecho porque Él es justo. En Mateo 7:7-8 Jesús nos dice: *"Pedid, y se os dará; buscad, y hallaréis; llamad, y se os abrirá. Porque todo aquel que pide, recibe; y el que busca, halla; y al que llama, se le abrirá"*.

Usted recibe bendiciones y respuestas a sus oraciones no por la fe natural sino por la fe espiritual. La fe natural se obtiene al escuchar y aprender la Palabra de Dios. La fe espiritual, sin embargo, no es dada indiscriminadamente; solo Dios la puede dar.

Por eso, Romanos 12:3 nos exhorta: *"...sino que piense de sí con cordura, conforme a la medida de fe que Dios repartió a cada uno"*.

La fe espiritual que cada persona recibe de Dios, es diferente para cada uno. Además, como leemos en 1 Corintios 15:41: *"Una es la gloria del sol, otra la gloria de la luna, y otra la gloria de las estrellas, pues una estrella es diferente de otra en gloria"*, las moradas en el Cielo y la gloria concedida a cada uno son diferentes de acuerdo a la medida de su fe

1. La medida de la fe dada por Dios

La palabra "medida" significa peso, volumen, cantidad, o tamaño de un objeto. Dios mide la fe de cada uno y le responde de acuerdo a la mediad de su fe.

Generalmente las personas con gran fe pueden recibir respuestas a sus peticiones tan solo deseándolas en su corazón, en tanto que otros las reciben solamente cuando oran fervientemente y ayunan por un día; y aún otros con menos fe, tienen que orar por meses o por años para recibir contestación a sus oraciones. Si se pudiera "ganar" fe espiritual como se quisiera, todos recibirían bendiciones y respuestas a lo que quieren. El mundo se convertiría en un lugar muy confuso y desordenado para vivir.

Suponga que hay un hombre que no vive por la Palabra de Dios. Si el hombre pide: "¡Dios por favor permítame llegar a ser el presidente de la corporación de negocios más importante de este país!, o ¡odio a ese hombre; por favor castígalo!" y su oración y deseo fuesen respondidos, ¿cómo sería el mundo?

La fe espiritual y la obediencia

¿Cómo podría poseer la fe espiritual? Dios no da la fe espiritual a todos, sino solo a aquellos que han sido calificados por obedecer Su Palabra. Por consiguiente, usted puede recibir la fe espiritual en la medida que deseche las falsedades en su ser, tales como el odio, conflicto, envidia, adulterio, y cosas así, y al amar incluso a sus enemigos.

En la Biblia, Jesús elogió a algunos, diciendo: "¡Tu fe es

grande!", pero reprochó a otros, diciendo: "¡Tu tienes poca fe!"

Por ejemplo, en Mateo 15:21-28 una mujer cananea vino a Jesús y le pidió que sanara a su hija que estaba atormentada por un demonio. Ella gritó: *"¡Señor, Hijo de David, ten misericordia de mí! Mi hija es gravemente atormentada por un demonio"* (v.22). Sin embargo, Jesús quiso probar su fe, y respondió: *"No soy enviado sino a las ovejas perdidas de la casa de Israel"* (v.24). La mujer se postró ante Jesús diciendo: *"¡Señor, socórreme!"* (v.25). Jesús rehusó otra vez, diciendo: *"No está bien tomar el pan de los hijos, y echarlo a los perrillos"* (v.26). Él dijo esto porque los judíos de Su tiempo consideraban a los gentiles como perros, y la mujer era una gentil de una región llamada Tyre.

En esta circunstancia, muchas personas se hubieran sentido avergonzadas, desanimadas, u ofendidas y fácilmente hubieran renunciado a intentar recibir respuestas. Pero la mujer no fue desilusionada y aceptó la Palabra de Jesús de una manera humilde.

Ella se humilló como si fuese un pequeño e insignificante perro, y suplicó por Su Gracia firmemente: *"Sí, Señor; pero aun los perrillos comen de las migajas que caen de la mesa de sus amos"* (v.27). Ante esto Jesús estuvo complacido con su fe y le respondió: *"Oh mujer, grande es tu fe; hágase contigo como quieres. Y su hija fue sanada desde aquella hora"* (v.28).

También vemos a Jesús reprochando a Sus discípulos por su poca fe en Mateo 17:14-20. Un hombre trajo a los discípulos de Jesús a su hijo que sufría de una grave epilepsia, pero ellos no pudieron sanar al niño. Después el hombre trajo su hijo a Jesús, y Él inmediatamente echó fuera a los demonios del niño y lo sanó.

Luego que Jesús sanó al niño, Sus discípulos vinieron y le preguntaron: *"¿Por qué nosotros no pudimos echarlo fuera?"* (v.19). Jesús le dijo: *"Por vuestra poca fe..."* (v.20).

Asimismo, en Mateo 14:22-33, Jesús reprende a Pedro. Una noche, Sus discípulos estaban en una barca en medio de una fuerte tormenta, con las olas que golpeaban fuertemente, y Jesús se les acercó caminando sobre el mar. Ellos al principio se aterrorizaron cuando lo vieron caminar sobre el mar, y gritaron de miedo: *"¡Un fantasma!"* (v.26). Jesús en seguida les dijo: *"¡Tened ánimo; yo soy, no temáis!"* (v.27). Pedro valientemente le respondió: *"Señor, si eres tú, manda que vaya a ti sobre las aguas"* (v.28). Entonces, Jesús le dijo: *"Ven"*, tal como Pedro quería. Pedro salió de la barca, caminó sobre las aguas, y fue hacia Jesús. Pero al ver el fuerte viento, tuvo miedo; y comenzando a hundirse, dio voces, diciendo: *"¡Señor, sálvame!"* (v.30). Al momento Jesús, extendiendo la mano, asió de él, y le dijo: *"¡Hombre de poca fe! ¿Por qué dudaste?"* (v.31).

Pedro fue reprochado por su poca fe en ese momento, pero después que recibió el Espíritu Santo y el poder de Dios, realizó innumerables milagros en el nombre del Señor, y con gran fe fue crucificado con la cabeza para abajo para el Señor.

2. Las diferentes medidas de fe

En la Biblia hay muchas parábolas que explican la medida de fe. 1 Juan 2 explica la medida de fe comparándola con el crecimiento de un hombre, y Ezequiel 47:3-5 explica la medida de fe comparándola con la profundidad de las aguas:

"Y salió el varón hacia el oriente, llevando un cordel en su mano; y midió mil codos, y me hizo pasar por las aguas hasta los tobillos. Midió otros mil, y me hizo pasar por las aguas hasta las rodillas. Midió luego otros mil, y me hizo pasar por las aguas hasta los lomos. Midió otros mil, y era ya un río que yo no podía pasar, porque las aguas habían crecido de manera que el río no se podía pasar sino a nado".

El libro de Ezequiel es uno de los cinco libros de los Profetas Mayores en el Antiguo Testamento. Dios hizo que el Profeta Ezequiel escribiera estas profecías en el tiempo en el que el Reino del Sur de Judá era destruido por Babilonia y muchos judíos eran exiliados como prisioneros de guerra. A partir del capítulo 40 de Ezequiel en adelante se describe el templo que Ezequiel vio en visión.

En el capítulo 47, el profeta narra una visión en la cual vio agua que salía de debajo del umbral del templo hacia el oriente. Las aguas descendían por debajo del lado sur del templo, al sur del altar. Entonces el agua comenzó a salir por la puerta norte, hacia el exterior del santuario, por la puerta externa, que daba al este.

"El Agua" espiritualmente simboliza aquí la Palabra de Dios (Juan 4:14), y el hecho de que el agua venga a través y alrededor del interior del santuario, y que luego fluya por afuera del santuario, indica que la Palabra de Dios es predicada, no solo en el santuario sino también en el mundo.

¿Qué es lo que Ezequiel quiere decir con "un hombre midió mil codos" (47:3), saliendo hacia el oriente con un cordel en su mano? Esto se refiere al Señor midiendo la fe de cada uno y juzgándolo precisamente de acuerdo a esa medida de fe en el día del Juicio.

"El hombre llevando un cordel en su mano" se refiere al siervo del Señor; y "llevar un cordel de medir" significa que el Señor mide correctamente la fe de cada persona sin equivocarse. Por eso, la diferente profundidad de las aguas significa metafóricamente los diferentes niveles en la medida de la fe.

Según la profundidad de las aguas

"Las aguas hasta los tobillos" indica la fe espiritual de los bebés, la medida de fe que solo les permite recibir la salvación. Comparando la medida de fe con la altura de un hombre, este nivel llega a la altura de su tobillo. Luego, "las aguas hasta las rodillas" se refiere a la fe de los niños, y "las aguas hasta los lomos o la cintura" simboliza la fe de los jóvenes. Por último, "la profundidad suficiente de las aguas para pasar nadando" se refiere a la fe de los padres.

De esta manera, en el día del Juicio, la fe de cada uno será medida y el lugar de la morada celestial de cada persona será decidido por el Señor en la medida en que viva de acuerdo a la Palabra de Dios durante esta vida.

"Medir mil codos" indica el gran corazón de Dios, Su precisión sin el menor error, y la profundidad de Su corazón que lo toma todo en cuenta. Dios no mide la fe de cada uno en un solo aspecto, sino desde todos los ángulos. Dios examina todo lo que hemos hecho y lo profundo de nuestro corazón, de una manera tan precisa que nadie pensará que es falsamente acusado.

Así, Dios examina todo con Sus ojos resplandecientes, y hace que cada uno coseche lo que ha sembrado y lo recompensa de acuerdo a lo que ha hecho. Por eso Romanos 12:3 dice: *"Digo, pues, por la gracia que me es dada, a cada cual que está entre vosotros, que no tenga más alto concepto de sí que el que debe tener, sino que piense de sí con cordura, conforme a la medida de fe que Dios repartió a cada uno"*.

Piense sabiamente de acuerdo a la medida de su fe

Caminar por el agua hasta los tobillos es y se siente muy diferente que caminar por las aguas hasta la cintura. Cuando se está con el agua hasta los tobillos, se puede pensar en caminar o correr porque no se puede nadar allí. Sin embargo, cuando se está con el agua hasta la cintura, es preferible nadar que caminar.

De la misma manera, aquellos que tiene la fe de un niño piensan diferente de los que tienen la fe de un padre, en la misma medida en que difiere el pensamiento de un hombre en relación a la profundidad del agua. Por eso, es propio que su sabiduría esté de acuerdo a la medida de su fe.

Abraham tuvo a Isaac como el hijo de la promesa después que Dios reconoció su fe. Un día Dios ordenó a Abraham que ofreciera a su único hijo Isaac en holocausto. ¿Qué fue lo que pensó Abraham acerca del mandato de Dios? Él nunca pensó en el dolor: "¿Por qué Dios me manda que ofrezca a Isaac en holocausto a pesar de que me lo ha dado como el hijo de la promesa? ¿Acaso Dios no cumple con Sus promesas?"

Hebreos 11 nos recuerda que Abraham pensó sabiamente acerca del mandato de Dios: "Él nunca miente, así que Él levantará a mi hijo de la muerte". Abraham no tuvo más alto concepto de sí que el que debe tener, sino que pensó de sí conforme a la medida de fe que Dios le había dado.

Abraham no se lamentó, ni se quejó, sino que obedeció a Dios con un corazón humilde. Como resultado, fue aprobado y fue el más favorecido por Dios, y llegó a ser el padre de la fe.

Usted debe entender que fue a través de una fuerte y dura prueba que Abraham mostró que tenía fe espiritual y fue por el camino de las bendiciones. Se puede recibir el amor y las bendiciones de Dios cuando se pasa las pruebas más fuertes teniendo un concepto sabio de uno mismo conforme a la medida de la propia fe.

3. La medida de fe probada por el fuego

1 Corintios 3:12-15 nos dice que Dios prueba la fe de cada uno con fuego y mide la obra que después permanece:

"Y si sobre este fundamento alguno edificare oro, plata, piedras preciosas, madera, heno, hojarasca, la obra de cada uno se hará manifiesta; porque el día la declarará, pues por el fuego será revelada; y la obra de cada uno cuál sea, el fuego la probará. Si permaneciere la obra de alguno que sobreedificó, recibirá recompensa. Si la obra de alguno se quemare, él sufrirá pérdida, si bien él mismo será salvo, aunque así como

por fuego".

"El fundamento" aquí se refiere a Jesucristo, y la "obra" indica lo que es hecho con esfuerzo de todo corazón. Si alguien cree en Jesucristo, su obra será revelada "porque el día la declarará".

¿Cuándo es manifestada la obra?

Primero, la obra de cada persona será manifestada cuando haya terminado su deber. Si su deber o tarea es anual, su trabajo será revelado al fin de cada año.

Segundo, Dios prueba la obra de cada uno cuando pasa por la prueba de fuego. Algunas personas están en paz sin cambiar incluso cuando enfrentan fuertes pruebas y dificultades como el fuego, mientras que otros no son capaces de soportarlas.

Finalmente, Dios prueba la obra de cada persona en el día del Juicio que vendrá después de la Segunda Venida de Jesucristo. Él medirá la santidad y la fidelidad de cada persona y le asignará una morada en el Cielo y le recompensará como corresponda.

La obra permanece después de la prueba de fuego

Nuevamente 1 Corintios 3:12-13 nos recuerda: *"Y si sobre este fundamento alguno edificare oro, plata, piedras preciosas, madera, heno, hojarasca, la obra de cada uno se hará manifiesta; porque el día la declarará, pues por el fuego será revelada; y la obra de cada uno cuál sea, el fuego la probará".*

Si Dios prueba la obra de cada uno con fuego, la calidad de la obra de cada persona se convertirá en una fe de oro, de plata, de piedras preciosas, de madera, de heno o de hojarasca. Después de la prueba de Dios, las personas con fe de oro, de plata, de piedras preciosas, de madera o de heno obtendrán la salvación, pero las personas con fe de hojarasca no podrán ser salvas porque son como si estuvieran espiritualmente muertas.

Además, las personas con la fe de oro, de plata, o de piedras preciosas pueden vencer las fuertes pruebas, al igual que el oro, la plata o las piedras preciosas que no son quemadas por el fuego, pero a las personas con la fe de madera o de heno no les es fácil vencer estas pruebas duras y fuertes.

Características del oro, de la plata, y de las piedras preciosas

El oro es un elemento maleable, dúctil, amarillo y metálico; y es usado especialmente en la acuñación de monedas, joyas, accesorios, o artesanías. Ha sido considerado como el metal más valioso. Su hermoso brillo no cambia incluso después de mucho tiempo porque no hay una reacción química entre el oro y otras sustancias.

Por consiguiente, el oro ha sido estimado como la joya más valiosa porque es inalterable, sumamente útil para varios propósitos, y suficientemente adaptable para ser moldeado en diversas formas.

La plata es generalmente usada para monedas, accesorios y con fines industriales porque es el segundo metal con mayor maleabilidad y ductilidad, y conduce muy bien el calor. La plata es más liviana que el oro, y no es tan bello como el oro ni tiene su resplandor.

Las piedras preciosas como los diamantes, los zafiros, o las esmeraldas emanan un color y resplandor maravilloso, pero no tienen múltiples usos. Además pierden su valor y se llegan a depreciar mucho si se rompen o se rayan.

Por tanto, Dios mide la fe de cada uno como una fe de oro, de plata, de piedras preciosas, de madera, de heno o de hojarasca según la obra que permanezca a las fuertes pruebas, y se considera la fe de oro, como la más valiosa de todas.

Alcanzar una fe de oro

Por un lado, las personas que tienen fe como el oro no se conmueven aún cuando enfrenten fuertes y severas pruebas. La fe de plata no es tan fuerte como la de oro, pero es superior a la de las piedras preciosas que son frágiles ante el fuego. Por otro lado, las personas que tienen la fe de madera o de heno, cuya obra es quemada por la prueba del fuego de Dios, solo pueden recibir su salvación sin ninguna recompensa. Dios recompensa a cada uno según lo que haya hecho porque Él es justo y recto. De esta manera, acepta a las personas que tienen una fe constante, tal como el oro que nunca cambia, y los recompensa en el Cielo y también en la tierra.

El apóstol Pablo, quien dedicó su vida como el apóstol para los gentiles, predicó el evangelio con un corazón inmutable y corrió la carrera de la fe hasta el final, aún cuando enfrentó innumerables pruebas y privaciones desde el primer momento en que conoció al Señor.

Hechos 16:25 nos dice lo siguiente: *"Pero a medianoche,*

*orando Pablo y Silas, cantaban himnos a Dios; y los presos
los oían"*.

Por predicar el evangelio, Pablo y Silas habían sido
cruelmente azotados y encarcelados con sus pies y manos atadas
al cepo, pero cantaban alabanzas en oración a Dios sin quejarse.

De este modo, Pablo nunca negó al Señor hasta su muerte, ni
pronunció ninguna palabra de queja. Siempre estuvo gozoso y
agradecido con un corazón lleno de esperanza por el Cielo, y fue
fiel en la obra del Señor hasta el punto de dar su propia vida.

Si usted tiene la fe de oro del apóstol Pablo, también morará
en un glorioso lugar, resplandeciendo como el sol en el Cielo, y
recibirá el gran amor de Dios por su obra que no pudo ser
quemada.

La fe de madera y de heno

Las personas con fe de plata llevan a cabo sus labores tal como
lo deben hacer, aunque su fe sea menor que la fe de oro.
Entonces, ¿cómo es la fe de las piedras preciosas?

Los que tienen fe como de piedras preciosas declaran: "¡Seré
fiel al Señor! ¡Predicaré el evangelio con todo mi corazón!",
después que han sido sanados de sus enfermedades o al recibir la
llenura del Espíritu Santo. Cuando sus oraciones son
respondidas, afirman: "De ahora en adelante, viviré solo para
Dios". Exteriormente parece que tuvieran una fe de oro, pero en
las pruebas fuertes tropiezan o se pierden porque no tienen esa fe
como el oro. Parecen tener una gran fe cuando son llenos del
Espíritu Santo, pero se apartan del camino de la fe y al final su
corazón se rompe en pedazos como si jamás hubieran tenido fe.

En otras palabras, la fe de piedras preciosas se ve hermosa solamente por un momento. Aún así, la obra de fe de las piedras preciosas permanece después de fuertes pruebas, así como la forma de las joyas y de las piedras preciosas se conserva en el fuego.

La obra de fe de madera o de heno, no obstante, se consume en el fuego después de las fuertes pruebas. Nuevamente, 1 Corintios 3:14-15 nos dice: *"Si permaneciere la obra de alguno que sobreedificó, recibirá recompensa. Si la obra de alguno se quemare, él sufrirá pérdida, si bien él mismo será salvo, aunque así como por fuego"*.

Es verdad que las personas con fe de oro, de plata, o de piedras preciosas son salvas y recompensadas en el Cielo porque la obra de su fe permanece después de la fuerte prueba de Dios. Sin embargo, la obra de aquellos que tienen una fe de madera o de heno es quemada hasta las cenizas por las fuertes pruebas, y tales personas son solo salvos y no reciben ninguna recompensa en el Cielo.

Dios acepta con agrado su fe y los recompensa abundantemente cuando lo buscan con diligencia. Hebreos 11:6 nos dice: *"Pero sin fe es imposible agradar a Dios; porque es necesario que el que se acerca a Dios crea que le hay, y que es galardonador de los que le buscan"*.

Dios mide la fe de cada persona por medio de la prueba de fuego. Además da bendiciones en la tierra y recompensas en el Cielo a todo aquel que tenga una fe constante como el oro.

Por lo tanto, deben entender que Dios responde y bendice de diferente manera; y que, asimismo, hay diferentes moradas y coronas en el Cielo de acuerdo a la medida de fe de cada uno.

Esfuércese y procure alcanzar una fe como el oro que agrada a Dios, para que de ese modo pueda disfrutar de Sus bendiciones en todos sus caminos aquí en la Tierra, y también pueda morar en un glorioso lugar, resplandeciendo como el sol en el Cielo. ¡Es mi oración en el nombre del Señor!

Capítulo 4

LA FE PARA RECIBIR LA SALVACIÓN

LA MEDIDA DE FE

"Pedro les dijo: Arrepentíos,

y bautícese cada uno de vosotros en el nombre de Jesucristo

para perdón de los pecados; y recibiréis el don del Espíritu Santo.

Porque para vosotros es la promesa, y para vuestros hijos,

y para todos los que están lejos;

para cuantos el Señor nuestro Dios llamare".

(Hechos 2:38-39)

En el capítulo anterior dije que Dios acepta y aprueba la fe espiritual siempre y cuando venga acompañada de obras. También, que cada uno tiene una diferente medida de fe espiritual, y que ésta madura de acuerdo a la obediencia de cada persona a la Palabra de Dios.

La medida de fe se puede clasificar en cinco niveles: la fe de oro, de plata, de piedras preciosas, de madera y de heno. Al igual que cuando sube una escalera, escalón por escalón, su fe madura, desde heno o paja hasta el oro, conforme escucha la Palabra de Dios y la obedece.

Solo por fe se puede poseer el Cielo, y a fin de arrebatar violentamente el Reino de los Cielos, su fe debe aumentar paso a paso. Más aún, en la medida en que logre tener una fe como el oro, recuperará y restaurará la imagen perdida de Dios, será favorecido y aprobado por Él, y finalmente alcanzará la Nueva Jerusalén en donde está el trono de Dios. Además, si tiene esa fe como el oro, Dios estará complacido con usted, caminará con usted, le concederá los deseos de su corazón y lo bendecirá efectuando señales milagrosas a través de usted.

Por eso, espero que midan su fe y se esfuercen por tener una fe más perfecta.

1. El primer nivel de la fe

Antes de recibir a Jesucristo, éramos hijos del diablo, y por vivir en el pecado debíamos ir al Infierno. Sobre esto, 1 Juan 3:8 cita: *"El que practica el pecado es del diablo; porque el diablo peca desde el principio. Para esto apareció el Hijo de Dios, para deshacer las obras del diablo"*.

No importa lo bueno e inocente que aparente ser, usted hallará que está viviendo en la oscuridad porque la maldad oculta en su interior le será revelada cuando la luz de la perfecta verdad de Dios resplandezca sobre usted.

En una ocasión pensé que era una persona tan noble y buena que podía vivir sin ninguna norma ni ley. Sin embargo, cuando acepté al Señor y me reflejé en el espejo de la Palabra de Dios, supe lo malvado que había sido. La forma en que me comporté, todo lo que dije y oí, y lo que pensé, todo estaba en contra de Su Palabra.

Dios elogió a Job en Job 1:8, diciendo: *"Y Jehová dijo a Satanás: ¿No has considerado a mi siervo Job, que no hay otro como él en la tierra, varón perfecto y recto, temeroso de Dios y apartado del mal?"*

Sin embargo, el mismo Job, que era considerado un hombre perfecto y recto, se lamentó, se quejó, y protestó y gimió mientras atravesaba duras pruebas.

Incluso llegó a decir: *"Hoy también hablaré con amargura; porque es más grave mi llaga que mi gemido"* (23:2); y *"Vive Dios, que ha quitado mi derecho, y el Omnipotente, que amargó el alma mía"* (27:2).

Job llegó a manifestar su maldad y perversidad al atravesar

por pruebas que ponían en peligro su vida, aun cuando había sido reconocido como un "varón perfecto y recto". ¿Quién puede entonces proclamarse sin pecado ante los ojos de Dios, quien es la luz misma, sin que se halle oscuridad en Él?

Ante Dios, todo ese resto o residuo de pecado que aún hay en su corazón, como odio o envidia, así como el pecado de hecho o de acción como pelear, discutir, o robar; todas estas cosas son consideradas pecado. Al respecto, Dios explícitamente nos dice en 1 Juan 1:8: *"Si decimos que no tenemos pecado, nos engañamos a nosotros mismos, y la verdad no está en nosotros"*.

Aceptar a Jesucristo

El Dios de amor envió a Su Unigénito Hijo Jesús a esta Tierra para redimirnos de nuestros pecados. Jesús fue crucificado y derramó Su preciosa sangre inocente y sin mancha por nosotros. Él llevó el castigo de nuestros pecados. Sin embargo, al tercer día, luego de vencer el poder de la muerte, resucitó de entre los muertos. Cuarenta días después de su resurrección, Jesús ascendió a los cielos ante los ojos de sus discípulos, prometiéndoles que regresaría y que nos llevaría junto con Él al Cielo (Hechos 1).

Ahora bien, recibirán el Espíritu Santo como un don o regalo de Dios y serán sellados como hijos de Dios cuando crean en el camino de la salvación y acepten en su corazón a Jesucristo como su Salvador. Entonces también recibirán el derecho de ser hijos de Dios, como lo promete Juan 1:12: *"Mas a todos los que le recibieron, a los que creen en su nombre, les dio potestad de ser hechos hijos de Dios".*

La potestad y el derecho de ser hijo de Dios

Supongamos que nace un bebé. Sus padres informan de su nacimiento a la oficina del registro de las personas local correspondiente y registran el nombre de su hijo. De la misma forma, si nace de nuevo como hijo de Dios, su nombre se inscribe en el Libro de la Vida en el Cielo y se le da la ciudadanía celestial.

Por lo tanto, cuando está en el primer nivel de fe, usted es hijo de Dios al aceptar a Jesucristo como su Salvador y recibir perdón de sus pecados (1 Juan 2:12), y puede llamar a Dios "¡Padre!" (Gálatas 4:6). Asimismo, tiene gozo por el hecho de haber recibido el Espíritu Santo, aun cuando no conozca la Palabra de verdad de Dios; y por el solo hecho de ver lo que le rodea, podrá sentir la presencia de Dios.

Por eso, el primer nivel de fe es llamado "fe para ser salvo o para salvación" o "fe para recibir el Espíritu Santo"; y es equivalente a la fe de un bebé o de un niño pequeño, o la fe de hojarasca, que hemos descrito anteriormente.

2. ¿Ha recibido el Espíritu Santo?

En Hechos 19:1-2, Pablo, el apóstol de los gentiles quien se consagró totalmente a la predicación del evangelio, encontró algunos discípulos en Éfeso y les preguntó: *"¿Recibisteis el Espíritu Santo cuando creísteis?" Y ellos le respondieron: "Ni siquiera hemos oído si hay un Espíritu Santo".* Ellos habían recibido el bautismo de agua para arrepentimiento que Juan el Bautista otorgaba, pero no el bautismo del Espíritu Santo como don de Dios.

Como Dios lo promete en Joel 2:28 y en Hechos 2:17, que en los últimos días Él derramará de Su Espíritu sobre toda carne, esta promesa se ha cumplido, y los que recibieron el Espíritu de Dios, es decir, el Espíritu Santo, establecieron la Iglesia Primitiva.

Sin embargo, al igual que los discípulos en Éfeso, hay muchos que claman creer en Dios pero que viven sin saber quién es el Espíritu Santo y qué cosa es recibir Su bautismo.

Si usted ha recibido el derecho de ser hijo de Dios al aceptar a Jesucristo, Él le da el Espíritu Santo como garantía de ese derecho. Por lo tanto, si aún no conoce el Espíritu Santo, no puede llamarse o considerarse hijo de Dios. En 2 Corintios 1:21-22 se lee: *"Y el que nos confirma con vosotros en Cristo, y el que nos ungió, es Dios, el cual también nos ha sellado, y nos ha dado las arras del Espíritu en nuestros corazones"*.

Recibir el Espíritu Santo

En Hechos 2:38-39 se explica en detalle cómo podemos recibir el Espíritu Santo: *"...Arrepentíos, y bautícese cada uno de vosotros en el nombre de Jesucristo para perdón de los pecados; y recibiréis el don del Espíritu Santo. Porque para vosotros es la promesa, y para vuestros hijos, y para todos los que están lejos; para cuantos el Señor nuestro Dios llamare"*.

Cualquiera puede ser perdonado de sus pecados y recibir el don del Espíritu Santo si confiesa sus pecados, se arrepiente humildemente y cree que Jesús es su Salvador.

Por ejemplo, en el capítulo 10 de Hechos se cita a un hombre gentil llamado Cornelio que vivía en Cesarea. Un día, el apóstol Pedro fue a su casa y predicó el evangelio de Jesucristo a él y a toda su familia. Mientras Pedro estaba predicando, el Espíritu Santo vino sobre ellos y comenzaron a hablar en lenguas.

Los que reciben el Espíritu Santo al aceptar a Jesucristo como su Salvador están en el primer nivel de fe. Sin embargo, ellos han recibido solo la salvación porque aún no han podido echar fuera sus pecados despojándose de ellos, no han podido tampoco cumplir con el propósito de Dios para ellos, ni han podido dar gloria al Padre por medio del testimonio de sus vidas.

El criminal que fue colgado en una cruz al lado de Jesús lo aceptó como su Salvador personal y después murió, consecuentemente la medida de su fe está en el primer nivel de fe.

3. La fe del criminal que se arrepintió

Lucas capítulo 23 nos narra acerca de los dos criminales que fueron crucificados cada uno al lado de Jesús. Mientras que uno de ellos ridiculizaba a Jesús, el otro criminal reprendía al primero y aceptó a Jesús como su Salvador arrepintiéndose de sus pecados. Y dijo a Jesús: *"...acuérdate de mí cuando vengas en tu reino"*, y Jesús le respondió: *"De cierto te digo, hoy estarás conmigo en el paraíso"* (vv. 42-43).

El "Paraíso" que Jesús le prometió al criminal está en los alrededores del Cielo. A ese lugar irán y ahí vivirán para siempre los que tienen el primer nivel de fe. Las almas que van al Paraíso no reciben ninguna recompensa. Este criminal que fue salvo confesó sus pecados siguiendo su buena conciencia y fue perdonado al aceptar a Jesucristo como su Salvador personal.

Sin embargo, no hizo nada por el Señor durante su vida en este mundo. Por eso recibió la promesa de ir al Paraíso, donde no hay recompensas. Si las personas no crecen en fe y permanecen con una fe del tamaño de un grano de mostaza, incluso luego de haber recibido el Espíritu Santo tras aceptar a Jesucristo, serán simplemente salvos y vivirán eternamente en el Paraíso sin recibir recompensa alguna.

No obstante, no debe pensar que solo los nuevos creyentes o los que se inician en la fe están en el primer nivel de fe. Aun si ha estado viviendo una vida cristiana por mucho tiempo y ha sido un anciano o diácono en su iglesia, será solo salvo si su obra se quema y solo quedan cenizas en la prueba de fuego.

Por lo tanto, debe orar y luchar para vivir por la Palabra de Dios luego de recibir el Espíritu Santo. Si no vive conforme a la Palabra de Dios y continúa practicando el pecado, su nombre será borrado del Libro de la Vida en el Cielo y no entrará al Reino de los Cielos.

4. No apaguéis el fuego del Espíritu Santo

Hay algunas personas que una vez fueron fieles, pero cuya fe se ha ido apagando gradualmente por varias razones, y apenas pueden alcanzar la salvación.

Un hombre que llegó a ser "anciano" en mi iglesia sirvió fielmente en muchas áreas de la iglesia, y por eso exteriormente parecía que tenía gran fe. Sin embargo, un día cayó gravemente enfermo. Ni siquiera podía hablar y vino para que yo orara por él.

En vez de orar por su sanidad, oré por su salvación. En ese momento, su alma estaba sufriendo mucho por el temor de la lucha que había entre los ángeles que querían llevarlo al Cielo, y los espíritus malignos que intentaban llevarlo al Infierno. Si hubiera tenido la suficiente fe para ser salvo, en primer lugar los espíritus malignos no hubieran venido para llevárselo. Inmediatamente oré echando fuera los espíritus perversos, y le pedí a Dios que recibiera a este hombre. Apenas terminé la oración, el hombre se calmó y lloró. Se arrepintió justo antes de morir y fue salvo.

El mismo hombre una vez llegó a sanarse luego de que oré por él en el pasado e incluso su esposa volvió a vivir luego de estar en el umbral de la muerte, también después de la oración que hice por ella. Solo por escuchar la Palabra de Vida, su familia que pasaba por muchos problemas llegó a tener paz y felicidad. Desde entonces, él maduró y llegó a ser un fiel obrero de Dios por medio de su esfuerzo y fue fiel en todas sus tareas y deberes.

Sin embargo, cuando la Iglesia enfrentó una prueba, no procuró defenderla ni protegerla, sino más bien dejó que sus pensamientos fueran controlados por Satanás. Las palabras que salieron de su boca levantaron un gran muro de pecado entre él y Dios. Eventualmente, no pudo estar más bajo la protección de Dios y fue atacado por una seria enfermedad.

Como obrero de Dios, no debió escuchar nada que fuera en contra de la verdad ni de la voluntad de Dios, pero en vez de ello, escuchó esos rumores y los esparció. Dios no pudo hacer otra cosa que ocultar Su rostro de él porque había dado la espalda a la gran gracia de Dios quien lo había sanado de una grave enfermedad. Sus recompensas se desmoronaron y no tuvo fuerzas ni siquiera para orar. Su fe experimentó un profundo retroceso y al final llegó al punto donde ni siquiera estaba seguro de su salvación.

Afortunadamente, como Dios recordó los servicios que en el pasado había prestado en la iglesia, este hombre pudo al menos alcanzar la salvación después que Dios le había dado gracia para arrepentirse de lo que había hecho.

Por lo tanto, debe entender que para Dios, la actitud del interior de su corazón hacia Él y accionar o vivir de acuerdo a Su voluntad, son más importantes que los años de su fe. Si asiste regularmente a una iglesia pero deja que un muro de pecado se levante al desobedecer la Palabra de Dios, el Espíritu Santo menguará hasta desaparecer, perderá la poca fe que ha tenido, la cual era del tamaño de un grano de mostaza (1 Tesalonicenses 5:19), y no será salvo.

En Hebreos 10:38 Dios dice: *"Mas el justo vivirá por fe; y si retrocediere, no agradará a mi alma"*.

¡Qué miserable se sentirá si luego de haber crecido por años en su fe, retrocede solo para volver al mundo! Debe permanecer alerta y despierto todo el tiempo para no ser tentado ni retroceder en su fe.

5. ¿Fue salvo Adán?

Muchos se preguntan qué pasó con Adán y Eva luego que comieron del fruto del árbol de la ciencia del bien y del mal.

¿Llegaron a ser salvos luego que fueron maldecidos y echados fuera del Huerto del Edén por su desobediencia?

Profundicemos un poco en el momento en el que el primer hombre Adán desobedeció el mandamiento de Dios. Luego que Dios creara los Cielos y la Tierra, formó al hombre del polvo de la tierra a Su imagen y a Su semejanza. Cuando sopló el aliento de vida, el hombre llegó a ser un espíritu viviente. Entonces, lo puso en el Huerto del Edén al este del Edén separado de la tierra y lo dejó allí.

En el Huerto del Edén, donde todo era más hermoso y más abundante que ningún otro lugar en la tierra, Adán no tenía ninguna necesidad y disfrutaba de la bendición de la vida eterna y del derecho de señorear y gobernar sobre todas las cosas. Además, Dios le dio una ayuda idónea y los bendijo para que se fructificaran, prosperaran y llenaran toda la tierra. Así, Dios bendijo al primer hombre Adán para vivir en el mejor ambiente, sin que le faltara nada.

Sin embargo, había una cosa que Dios había prohibido. Dijo: *"Mas del árbol de la ciencia del bien y del mal no comerás; porque el día que de él comieres, ciertamente morirás"* (Génesis 2:17). Esto nos indica la señal de la absoluta soberanía de Dios y muestra que ha establecido un orden entre él y el ser humano.

Después que transcurrió un buen tiempo, Adán y Eva olvidaron la orden de Dios y comieron del fruto del árbol, al ser tentada primero Eva por la serpiente. Ambos pecaron y su espíritu murió como resultado del pecado, y se convirtieron en carnales y pecadores.

Tuvieron que ser echados fuera del Huerto del Edén y

vivieron en esta Tierra en medio de toda clase de sufrimientos como enfermedad, dolor, lágrimas, y lamentos, y murieron cuando su aliento de vida llegó a su fin, tal como Dios lo había dicho: *"...ciertamente morirás"*.

La pregunta es: ¿Llegaron Adán y Eva a ser salvos y entraron al Cielo? Ellos desobedecieron el mandamiento de Dios y pecaron contra Él. Por eso, algunos argumentan que no fueron salvos porque pecaron e hicieron que la tierra estuviera bajo maldición y que todos sus descendientes vivieran en aflicciones y desgracias. No obstante, el Dios de amor abrió el camino también para la salvación de ellos. Su corazón permaneció limpio y tierno hacia Dios, incluso después de haber pecado, en marcado contraste con la gente hasta hoy, cuyo corazón esta manchado con toda clase de pecado y de maldad en este mundo malvado.

Como resultado de su pecado, Adán tuvo que esforzarse trabajando con el sudor de su rostro para poder comer, a diferencia del tiempo en que vivía en el Huerto, y a Eva se le multiplicó el dolor para dar a luz en comparación del que tenía en el Huerto del Edén. Ambos también vieron cómo uno de sus hijos asesinó a su propio hermano.

A través de esos sufrimientos y de esas experiencias, Adán y Eva empezaron a darse cuenta del valor de las preciosas bendiciones y de la abundancia de la que habían disfrutado en el Huerto del Edén. Añoraron el tiempo que habían vivido en el amor y bajo la protección de Dios. Se dieron cuenta en su corazón que todo lo que habían disfrutado en el Huerto del Edén habían sido las bendiciones y el amor de Dios, y se arrepintieron completamente por desobedecer el mandamiento de Dios.

¿Cómo podría el Dios de amor, quien perdona a un asesino que se arrepiente de todo corazón, no aceptar ese arrepentimiento? De hecho, ambos fueron creados con las manos del Mismo Dios y alimentados en la gracia y el cuidado de Dios por mucho tiempo. ¿Cómo podría Dios dejarlos ir al Infierno?

Dios aceptó el arrepentimiento de Adán y Eva y los condujo al camino de la salvación en Su amor. Por cierto, fueron solo salvos y entraron al Paraíso. Eso fue porque olvidaron el amor de Dios a pesar que Él los amó tiernamente. Su desobediencia no fue algo insignificante ya que provocó un gran dolor en el corazón de Dios y trajo muerte y desgracia a infinidad de generaciones que los siguieron.

Supongamos que hay un bebé que no desea crecer a pesar de que el tiempo pasa. Si el bebé crece bien, sus padres estarán contentos y felices. No obstante, si el pequeño come muy bien pero no se desarrolla, la ansiedad y la preocupación de sus padres aumentarán día a día.

De la misma forma, una vez que recibe el Espíritu Santo y que tiene fe del tamaño de un grano de mostaza, debe esforzarse para desarrollarla aprendiendo y obedeciendo la Palabra de Dios. Solo entonces podrá recibir todo lo que pida en el nombre del Señor, podrá también darle gloria a Dios, y avanzar hacia el Reino de los Cielos.

Es mi deseo y mi oración en el nombre de nuestro Señor, que no estén satisfechos con el hecho de ser salvos y de haber recibido el Espíritu Santo, sino que se esfuercen más y más para desarrollar y aumentar su medida de fe y así puedan disfrutar del derecho y de las bendiciones como hijos amados de Dios.

Capítulo 5

LA FE PARA TRATAR DE VIVIR POR LA PALABRA

"Así que, queriendo yo hacer el bien,

hallo esta ley: que el mal está en mí.

Porque según el hombre interior,

me deleito en la ley de Dios; pero veo otra ley en mis miembros,

que se rebela contra la ley de mi mente,

y que me lleva cautivo a la ley

del pecado que está en mis miembros.

¡Miserable de mí! ¿quién me librará de este cuerpo de muerte?

Gracias doy a Dios, por Jesucristo Señor nuestro.

Así que, yo mismo con la mente sirvo a la ley de Dios,

mas con la carne a la ley del pecado".

(Romanos 7:21-25)

Cuando inicia su vida en Cristo y recibe el Espíritu Santo, se vuelve ardiente y ferviente en la vida en fe y es lleno del gozo de la salvación. Se esfuerza por obedecer la Palabra de Dios, llega a conocer a Dios y saber sobre el Cielo. El Espíritu Santo le ayuda a entender la verdad y a seguir el camino de la verdad. Si desobedece la Palabra de Dios, se siente muy mal porque el Espíritu Santo que está dentro de usted gime, y finalmente se da cuenta de lo que es el pecado.

De esta forma, aunque al comienzo tiene fe que lo lleva a ser salvo, se esfuerza para vivir por la Palabra de Dios a medida que su fe madura. Examinemos detalladamente cómo vive su vida en esta etapa de su fe.

1. El segundo nivel de fe

Cuando es salvo al creer en Jesucristo y está en el primer nivel de fe, podrá cometer pecados sin saberlo porque tiene solo un conocimiento limitado de la Palabra de Dios. Es lo mismo con un bebé que no siente vergüenza, incluso si está desnudo.

Sin embargo, si escucha la Palabra de Dios y espiritualmente siente que hay vida en ella, anhelará oírla y leerla en todo tiempo; y también buscará orar a Dios. Además, al ver hermanos y obreros del Señor fieles en la iglesia, también deseará llevar una vida fiel en Cristo.

Como resultado de ello, gradualmente se irá apartando de las formas mundanas de la vida vieja, comenzará a asistir a la iglesia, y se esforzará por escuchar la Palabra de Dios. En el pasado disfrutaba de la compañía de amigos no cristianos, pero ahora desea obedecer las enseñanzas espirituales y tener compañerismo con hermanos cristianos porque su corazón busca lo del Espíritu.

En el segundo nivel de fe, aprende a llevar una genuina vida cristiana como hijo de Dios por medio del mensaje predicado por el pastor y de los testimonios de otros hermanos en Cristo.

En forma natural aprende a vivir como cristiano; guarda el Día del Señor como un día santo y trae el diezmo completo a la casa de Dios. Aprende a estar siempre gozoso, a orar continuamente y a dar gracias en todo tiempo. Aprende a amar a su prójimo como a sí mismo y a amar incluso a sus enemigos. También se le dice que no solo debe despojarse de toda clase de males, tales como el odio, la envidia, juzgar y criticar o calumniar a otros, sino que también debe procurar tener un corazón semejante al de Dios. En esta etapa uno decide vivir por la Palabra.

2. La etapa más difícil en la vida de fe

De esta forma, hace todo lo posible por obedecer a la Palabra, porque conoce la verdad. Al mismo tiempo, sin embargo, se siente agobiado porque no le es siempre fácil vivir por la Palabra. Sus acciones y comportamiento parecen estar en conflicto con su voluntad.

En muchos casos, no puede vivir por la Palabra porque

todavía no tiene la suficiente fuerza espiritual para obedecerla. Algunos incluso pueden suspirar y lamentarse diciendo: "¡Ojalá no hubiera venido a la iglesia!"

Permítanme explicar esto más claramente por medio de un ejemplo. Usted desea guardar el día del Señor como un día santo cada domingo, pero a veces no puede hacerlo debido a algunos compromisos sociales o reuniones de trabajo. En algunas ocasiones asiste al servicio del domingo en la mañana pero no va al culto de la noche. En otras ocasiones va al matrimonio de un amigo o de un pariente y no asiste al culto de adoración el domingo.

Sabe también que debe ofrecer a Dios el diezmo completo, pero a veces no obedece ese mandamiento. En otras ocasiones se da cuenta que está lleno de odio hacia los demás, aun cuando se propone no odiar. La lujuria se excita dentro de usted al ver a una persona atractiva, del sexo opuesto, porque ese pecado y esa maldad todavía permanecen en su corazón (Mateo 5:28).

Asimismo, si está en el segundo nivel de fe, hace todo lo posible por obedecer la Palabra de Dios, aun cuando no tiene la fortaleza necesaria para obedecerla completamente. Sin embargo, hace todo su esfuerzo por echar fuera sus pecados, como juzgar a otros, envidiar, celar, cometer adulterio, y cosas semejantes, los cuales están en contra de la Palabra.

No siempre se obedece a Dios

En Romanos 7:21-23, el Apóstol Pablo diserta en detalle por qué el segundo nivel de fe es la etapa más difícil de la vida de fe:

"Así que, queriendo yo hacer el bien, hallo esta ley: que el mal está en mí. Porque según el hombre interior, me deleito en la ley de Dios; pero veo otra ley en mis miembros, que se rebela contra la ley de mi mente, y que me lleva cautivo a la ley del pecado que está en mis miembros".

Hay algunos cristianos que sienten angustia porque conocen la Palabra pero aún no obedecen los mandamientos de Dios. Es el deber de los líderes espirituales guiarlos sabiamente por el camino de la verdad.

Digamos, por ejemplo, que hay un hombre que no puede dejar de fumar o beber. Si se le reprende, diciendo: "Si sigues fumando o bebiendo, Dios se molestará contigo", él dudará en seguir asistiendo a la iglesia y al final se alejará de Dios. Sería mejor que se le diga: "Usted puede dejar de fumar y de beber fácilmente porque Dios le ayudará. Si su fe crece, será fácil dejar esos vicios. Así que, por favor ore con fe constantemente a Dios". En este caso, no lo debería guiar a Dios con un sentimiento de culpa y de temor al castigo. Por el contrario, lo debería llevar a Dios con gozo y agradecimiento, con el sentimiento de la seguridad en el amor de Dios.

Citemos otro ejemplo, supongamos que hay un hombre que solamente va al culto el domingo en la mañana pero en la tarde abre su local comercial para vender. ¿Qué le diría? Sería mejor que lo orientara y que, amablemente, lo amonestara, diciendo: "Dios se alegra cuando se guarda completamente el Día del Señor. Si mantiene el Día del Señor como un día santo y ora para que Dios lo bendiga, seguramente verá que Dios lo bendecirá más abundantemente de lo que puede ganar abriendo su local comercial el domingo".

Eso de ninguna forma significa que la medida de fe de cada uno no debe desarrollarse ni debe crecer. Tal como vemos en el desarrollo de un niño que, sin crecimiento apropiado y oportuno, se enferma, llega a padecer de alguna discapacidad, o muere, la fe de esa persona se debilitará con el tiempo y cada vez se alejará más del camino de la salvación. ¡Qué terrible será si no llega a ser salvo!

Jesús nos dice en Apocalipsis 3:15-16: *"Yo conozco tus obras, que ni eres frío ni caliente. ¡Ojalá fueses frío o caliente! Pero por cuanto eres tibio, y no frío ni caliente, te vomitaré de mi boca".*

Dios nos reprende y nos dice que no seremos salvos con una fe tibia. Si su fe es fría, Dios puede guiarle al arrepentimiento y a la salvación permitiendo pruebas en su vida. Sin embargo, si a pesar de todo aún tiene esa fe tibia, no le será nada fácil darse cuenta de ello y arrepentirse de sus pecados.

3. La fe de los israelitas durante el Éxodo

Cuando falla al vivir por la Palabra de Dios, tiende a quejarse o a renegar de sus dificultades en vez de superarlas con fe y gozo. Sin embargo, el Dios de amor entiende eso y permanentemente lo anima a vivir y a permanecer en la verdad.

Tomemos un ejemplo. Los israelitas habían sido esclavos por casi cuatrocientos años en Egipto. Salieron de allí bajo el liderazgo de Moisés y vieron las poderosas obras de Dios demostradas numerosas veces mientras se dirigían a la tierra de Canaán.

Ellos presenciaron las Diez Plagas que devastaron Egipto, vieron las aguas del Mar Rojo abrirse en dos y cómo el agua amarga de Mará se convirtió en agua dulce, apta para beber. También comieron del maná y codornices que cayeron del cielo mientras iban por el desierto de Sin. Fueron testigos, en una manera privilegiada, de las obras del maravilloso poder de Dios.

Sin embargo, se quejaron y murmuraron en lugar de orar con fe cada vez que encontraron dificultades. No obstante, Dios, que es abundante en amor, tuvo misericordia y estuvo con ellos y los guió de día y de noche, hasta que llegaron a la tierra prometida.

Un pueblo resentido y quejumbroso

¿Por qué los israelitas continuaron murmurando y quejándose cada vez que enfrentaban pruebas y dificultades? No era debido a la situación misma, sino a causa de su fe. Si ellos hubieran tenido una fe verdadera, se habrían alegrado y gozado en sus corazones por Canaán, la Tierra Prometida, a pesar que en realidad se encontraban en el desierto.

En otras palabras, si hubieran creído que Dios verdaderamente los iba a guiar a la Tierra de Canaán, habrían llegado a ella sobreponiéndose a toda clase de dificultades, sin sentir angustia o dolor y sin importar los obstáculos que hubieran encontrado en el desierto.

Dependiendo de la clase de fe y de la actitud que la gente tenga, sus reacciones pueden ser diferentes incluso en el mismo contexto o situación. Algunos sienten angustia en la adversidad, otros las aceptan con un sentido del deber, y aun otros encuentran la voluntad de Dios en medio de aquellas dificultades y la aceptan con gozo y agradecimiento.

¿Cómo puede vivir una vida en Cristo lleno de agradecimiento y sin quejarse? Permítanme explicar esto con un ejemplo. Supongamos que vive en Seúl o en una gran ciudad y que está atravesando por gran dificultad económica.

Un día alguien se le acerca y le dice: "Hay un diamante del tamaño de una pelota de fútbol enterrado en una playa cerca de Busán, casi a 266 millas al sureste de Seúl. ¡Es suyo si lo encuentra! Puede caminar o correr a la playa, pero no puede manejar, ni ir en bus, tren, o avión para llegar allí".

¿Cómo reaccionaría? Diría acaso: "Muy bien. El diamante es ahora mío porque me lo han dado, así que iré el próximo año a recogerlo", o "iré el próximo mes porque ahora estoy muy ocupado". Con toda seguridad se apresuraría y empezaría a correr en el mismo instante en que escucha la noticia del diamante.

Si otros escuchan la misma noticia, la mayoría de ellos correrían a esa playa y tomarían el atajo más corto con tal de conseguir el valiosísimo diamante lo más pronto posible. Nadie se daría por vencido en el camino a Busán o a esa playa, a pesar del dolor que pudieran sentir en sus pies o del cansancio. Por el contrario, correrían lo más rápido que les fuese posible para conseguir el precioso diamante con agradecimiento y gozo, sin quejarse del dolor que pudieran sentir en sus pies.

De la misma forma, si realmente tiene segura la esperanza del eterno y hermoso Reino celestial y también tiene una fe firme, podrá correr la carrera de la fe, sin quejarse bajo ninguna circunstancia hasta llegar al Cielo.

Un pueblo obediente

Si obedece a la Palabra de Dios, no debería sentir angustia, congoja o incomodidad en su vida cristiana, sino que lo hará con gozo y con agrado. Si se siente inseguro en su vida de fe, eso quiere decir que está desobedeciendo a la Palabra de Dios y está yendo en contra de Su voluntad.

Les voy a contar una historia. Antiguamente, los caballos se usaban para jalar carretas o vagones. Con frecuencia recibían latigazos a pesar que trabajaban para su amo. Si obedecían a su dueño no tenían que ser azotados, pero si no lo hacían y querían andar a su manera, recibían fuertes y severos azotes.

Es lo mismo con las personas que desobedecen la Palabra de Dios. Ellos hacen las cosas a su manera y eso causa molestias a su Amo. De vez en cuando son azotados. Por el contrario, los que obedecen la Palabra de Dios, diciendo: "Dios, dime qué debo hacer. Solo te seguiré a Ti", viven una vida tranquila y en paz.

Por ejemplo, Dios nos manda: "No robar". Cuando obedece ese mandamiento, siente paz. Sin embargo, cuando no lo obedece, se siente inseguro porque tiene el deseo de robar. Es natural que un hijo de Dios deba despojarse de todo lo que Dios nos manda que nos despojemos. Si no lo hace, ese hijo de Dios sentirá angustia en su corazón.

Por eso en Mateo 7:13-14, Jesús dice: *"Entrad por la puerta estrecha; porque ancha es la puerta, y espacioso el camino que lleva a la perdición, y muchos son los que entran por ella; porque estrecha es la puerta, y angosto el camino que lleva a la vida, y pocos son los que la hallan".*

A los que se inician en la fe les parece difícil y duro obedecer la Palabra de Dios, al igual que tratar de entrar por una puerta muy angosta. Sin embargo, poco a poco, se dan cuenta que es el camino al Cielo y que es una senda de felicidad y de verdad.

4. A no ser que crea y obedezca

Es muy probable que haya escuchado muchas veces los siguientes versículos de 1 Tesalonicenses 5:16-18: *"Estad siempre gozosos. Orad sin cesar. Dad gracias en todo, porque esta es la voluntad de Dios para con vosotros en Cristo Jesús".*

¿Pierde usted el gozo cuando algo triste le sucede? ¿Frunce el ceño cuando alguien le causa problemas? ¿Se llena de ansiedad y de preocupación cuando está en problemas económicos o cuando alguien lo molesta?

A algunos les parece hipocresía el estar gozoso y agradecido, incluso en momentos difíciles. Ellos se preguntan: "¿Por qué debería dar gracias cuando no hay nada por lo cual estar agradecido?" Saben también que deben ser pacientes, pero se incomodan o se irritan cuando enfrentan situaciones insoportables.

Adulteran en su corazón cuando miran mujeres atractivas porque todavía no se han despojado de la lujuria. Esas cosas muestran que tales personas aún no han echado fuera sus pecados luchando contra ellos y, por eso, no obedecen a la Palabra.

No puede oír la voz del Espíritu Santo

Si conoce bastante de la Palabra de Dios pero no la obedece, no podrá oír la voz del Espíritu Santo ni lo podrá guiar porque habrá levantado un muro de pecado entre Dios y usted. Sin embargo, incluso una persona que recién empieza en la fe puede escuchar Su voz y ser guiada por Él cuando permanece en obediencia a la Palabra de Dios. Al igual que un niño pequeño no tiene nada de qué preocuparse si obedece a sus padres, Dios mismo se agrada de usted y lo guía cuando persevera obedeciéndole, incluso con poca fe.

Citemos un ejemplo. Los padres cuidan de su pequeño hijo en todo aspecto. Sin embargo, cuando crece y se vale por sí mismo, ya no necesitan cuidarlo tanto. Ya no necesitan tratarlo como un niño cuando tiene la edad suficiente para ir a primaria en la escuela. Sin embargo, los padres sentirán dolor y pena si el niño no sabe ponerse bien sus zapatos o si no puede hacer las cosas que debería hacer por sí mismo.

De la misma forma, si ha sido cristiano el tiempo suficiente para llegar a ser un líder o un obrero en su iglesia, debería obedecer a la Palabra de Dios. Si escucha Su voz pero sigue viviendo una vida cristiana como la de un niño pequeño y sigue levantando un muro de pecado contra Dios, Él permitirá pruebas en su vida.

En ese caso, no recibirá respuesta a sus oraciones. Su vida no tendrá fruto y Dios no lo podrá proteger. No prosperará sino, por el contrario, tendrá dificultades. Vivirá una vida de dolor y de fastidio, llena de ansiedades y de preocupaciones.

No podrá recibir respuestas ni protección de Dios

Si está en el segundo nivel de fe, sabe muy bien lo que es el pecado y que tiene que desechar toda maldad y mentira de su interior. Si no lo ha sacado de su vida sino que todavía lo tiene en su mente, ¿cómo podrá venir ante el Dios Santo, quien es la luz misma, sin sentir vergüenza? El diablo y Satanás se acercarán y harán que dude de Dios y al final lo tentarán para volver al mundo.

Había un "anciano" en mi iglesia que procuraba dar fruto en muchos negocios, preguntándose: "¿Qué puedo hacer por mi pastor?"

Sin embargo, no tenía mucho éxito porque aparentemente era fiel pero no había circuncidado su corazón, lo cual es lo más importante. No honró a Dios al no seguir el camino correcto a causa de sus pensamientos carnales, y debido a que su corazón con frecuencia buscaba su propio beneficio. También hizo comentarios deshonestos, se enojó con otras personas, y desobedeció en muchos aspectos a la Palabra de Dios.

Además, a no ser porque sus problemas persistieron en lo económico y en las relaciones interpersonales, no se hubiera aferrado a la fe, sino se hubiera comprometido con lo ilegal e incorrecto. Al final, debido al grado de retroceso en su fe, y ya que ello podría haberle hecho perder todas las recompensas que había logrado hasta entonces, Dios llamó su alma en el mejor momento de su vida.

Por lo tanto, debe comprender que lo más importante no es la fidelidad física o exterior ni los títulos o las posiciones dadas en la iglesia, sino el desechar sus pecados a medida que viva por la Palabra de Dios.

5. Cristianos maduros e inmaduros

Si se encuentra en el primer nivel de fe, no se sentirá turbado ni oirá el gemir del Espíritu Santo cuando cometa algunos pecados. Es porque no puede distinguir la verdad de la mentira y no se dará cuenta que está pecando, cuando lo esté haciendo. Dios no lo culpa ni lo juzga tan severamente porque no puede distinguir la verdad de la mentira debido a la falta de conocimiento de la Palabra de Dios.

Es como un niño a quien no se le puede culpar cuando derrama una taza con agua o rompe una fina porcelana al gatear por el piso. Por el contrario, sus padres u otros miembros de la familia no culpan al bebé.

Sin embargo, si alcanza el segundo nivel de fe, podrá oír el gemir del Espíritu Santo dentro de sí, y empezará a sentirse apesadumbrado y triste al pecar. No obstante, no puede entender toda la Palabra de Dios porque es como un bebé en el espíritu, y no le es fácil obedecer a la Palabra por sí mismo. Es por eso que los que están en el primer y en el segundo nivel de la fe son llamados "niños en Cristo que beben leche".

Niños en Cristo que beben leche

El apóstol Pablo escribe en 1 Corintios 3:1-3 lo siguiente:

"De manera que yo, hermanos, no pude hablaros como a espirituales, sino como a carnales, como a niños en Cristo. Os di a beber leche, y no vianda; porque aún no erais capaces, ni sois capaces todavía, porque aún

sois carnales; pues habiendo entre vosotros celos,
contiendas y disensiones, ¿no sois carnales, y andáis
como hombres?"

Si acepta a Jesucristo, recibe el derecho de ser hijo de Dios y
su nombre está escrito en el Libro de la Vida en el Cielo. Sin
embargo, se le trata como a un niño en Cristo porque aún no ha
recuperado completamente la imagen perdida de Dios.

Por ésta razón, aquellos que están en el primer y segundo
nivel deben ser bien cuidados y guiados. Se les debe enseñar la
Palabra de Dios y animarlos a vivir de acuerdo a ella, como si se
estuviera alimentando a un niño con leche.

Por eso, a los que están en el primer y en el segundo nivel de fe
se les llama "niños en Cristo que beben leche". Si su fe crece, y
empiezan por sí mismos a entender y a obedecer la Palabra de
Dios, se les llamará "cristianos que se alimentan con comida
sólida".

De este modo, si es un cristiano que toma leche, en el primer
o segundo nivel de fe, debe hacer lo mejor posible para llegar a
ser un cristiano que coma alimento sólido. Sin embargo, debe
recordar que no se puede forzar el paso de un nivel a otro, es
decir, no se puede pasar a la fuerza, de vivir una vida de un "niño
en Cristo que bebe leche" al nivel de un "cristiano que se
alimenta con comida sólida". Si trata de hacerlo, sufrirá de
indigestión, al igual que un bebé que tendrá problemas
digestivos cuando se lo alimenta con comida sólida.

Por consiguiente, deberá ser sabio al cuidar de su esposa,
hijos, o cualquiera que tiene poca fe. Primero necesita ponerse en
su lugar, y guiarlos a crecer en la fe enseñándoles acerca del Dios

viviente, en lugar de acusarlos o amonestarlos por su poca fe, lo cual es producto de su terquedad, de su duro y obstinado corazón, y de su desobediencia.

Dios no castiga a los que están en el primer o en el segundo nivel de fe, incluso si no santifican el Día del Señor, ni viven completamente por la Palabra de Dios. Por el contrario, entiende su situación y los guía con amor. De esta forma, deberíamos ser capaces de discernir la medida de nuestra fe así como la de los demás y pensar con sabiduría de acuerdo a la medida de nuestra fe.

Cristianos que comen alimento sólido

Si se esfuerza por vivir una vida cristiana aún estando en el primer o en el segundo nivel de fe, Dios lo protegerá de numerosos problemas y dificultades. Eso de ninguna manera quiere decir que su medida de fe debe detenerse en el segundo nivel sin crecer más. Al igual que los padres que se angustian cuando sus hijos no crecen bien y adecuadamente, sino que son muy felices al ver crecer bien a sus hijos, la fe de un hijo de Dios también debe crecer firme y esforzadamente por medio de la Palabra y la oración.

Así, por un lado, en el momento más indicado, Dios permite pruebas y dificultades para llevarnos al tercer nivel de fe. Él lo bendice no solamente con el crecimiento de su fe, sino también con muchas otras cosas. Mientras más grandes sean las dificultades que venza, más grandes serán las bendiciones de Dios.

Por otra parte, si se supone que está en el tercer nivel de fe pero vive una vida como si estuviera en el primer o en el segundo nivel de fe, Dios permitirá pruebas para disciplinar y no para bendecir.

Imagínese a un niño que le falta nutrientes balanceados porque solo quiere tomar leche sin consumir otros alimentos nutritivos. Si continúa tomando solo leche, podría enfermarse de malnutrición e inclusive morir. En esa situación, los padres naturalmente harán todo lo posible para darle a su hijo alimento nutritivo.

De igual forma, cuando los hijos de Dios conocen Su Palabra, pero van camino a la muerte sin obedecer a la Palabra, Dios, quien por medio de Su Hijo Jesucristo quiere tener verdaderos hijos, permite pruebas con un corazón quebrantado ante la acusación de Satanás.

Dios trata a Sus hijos de la siguiente manera:

"Porque el Señor al que ama, disciplina, y azota a todo el que recibe por hijo. Si soportáis la disciplina, Dios os trata como a hijos; porque ¿qué hijo es aquel a quien el padre no disciplina?" (Hebreos 12:6-7).

Si un hijo de Dios comete un pecado y Él no lo disciplina, eso es una evidencia de que esa persona está muy lejos del amor de Dios. Será la mayor de todas las tragedias que se vaya al Infierno porque Dios ya no lo acepta como Su hijo.

Por lo tanto, si las pruebas de disciplina de Dios vienen sobre usted cuando peca, debe recordar que eso es evidencia de Su amor y debe arrepentirse completamente de sus pecados. Por el contrario, si Dios no lo disciplina aun cuando ha pecado, entonces sin darse por vencido debe tratar de arrepentirse de sus pecados y recibir Su perdón.

Puede ser perdonado de sus pecados no solo cuando se arrepiente de ellos con sus labios sino también cuando se aparta de esos pecados. El verdadero arrepentimiento con llanto no viene por propia voluntad, sino por la gracia de Dios. Por lo tanto, sinceramente debe pedir a Dios que pueda darle la gracia del arrepentimiento con llanto. Si Su gracia viene sobre usted, llegará a arrepentirse con lágrimas y llanto, y un arrepentimiento que desgarrará su corazón saldrá de su ser.

Solamente entonces el muro de pecados que lo separa de Dios será derribado y su corazón hallará paz y luz. Será lleno del Espíritu Santo, tendrá gozo y agradecimiento sobreabundantes, y esto será la evidencia de que ha restaurado su amor con Dios.

Si se supone que debe estar en el tercer nivel de fe, pero se comporta y vive de la forma como lo hacen aquellos que están en el segundo nivel de fe, será difícil que pueda recibir de lo alto la fe necesaria para resolver sus problemas. Cuando la fe que Dios da no viene sobre usted, es imposible que sane por fe de sus enfermedades y podría terminar dependiendo de los métodos del mundo. Sin embargo, si se arrepiente de sus pecados completamente y con lágrimas y se aleja de ellos, pronto recuperará el tercer nivel de fe.

Si ha entendido este principio de crecimiento de la fe, no debería estar satisfecho con su nivel de fe actual. Así como un niño crece y va al jardín de infantes y luego al preescolar, y después a la primaria, la secundaria, la universidad, o a otros niveles superiores, deberá hacer todo lo posible para crecer en su fe hasta alcanzar la medida más alta de fe.

Si está en el segundo nivel de fe, su fe crecerá más rápido con la llenura del Espíritu Santo porque su fe, aun si es pequeña como un grano de mostaza, ya ha sido plantada y ha empezado a brotar. En otras palabras, su fe crecerá lo suficiente como para obedecer la Palabra de Dios en la medida en que se arme con Su Palabra escuchándola diligentemente, asistiendo a cada culto y servicio de adoración, y orando continuamente y sin cesar.

Es mi oración en el nombre del Señor, que no solo puedan atesorar y guardar la Palabra de Dios únicamente como conocimiento, sino que también puedan obedecerla hasta el punto de derramar su sangre y lograr una mayor fe.

Capítulo 6

La Fe para vivir por la Palabra

"Cualquiera, pues, que me oye estas palabras, y las hace,
le compararé a un hombre prudente,
que edificó su casa sobre la roca.
Descendió lluvia, y vinieron ríos, y soplaron vientos,
y golpearon contra aquella casa; y no cayó,
porque estaba fundada sobre la roca".

(Mateo 7:24-25).

Diferentes personas tienen diferentes medidas de fe. La fe es un don de Dios dado a usted en la medida en que la verdad entre y se complete en su corazón. Cuando su fe de conocimiento es transformada en la fe que Dios da, entonces puede recibir respuestas de Él.

Como mencioné en capítulos anteriores, cuando se le dice que es salvo y que está en el primer nivel de fe, eso quiere decir que ha recibido el Espíritu Santo y su nombre está escrito en el Libro de la Vida en el Cielo. Luego empieza a establecer una relación con Dios y ya puede llamarlo "Dios, mi Padre".

Lo siguiente es que su fe crece; se goza escuchando la Palabra de Dios lleno del Espíritu, y procura obedecer lo que la Palabra le dice. Sin embargo, no puede obedecer a toda Su Palabra. Se siente agobiado y molesto con la Palabra de Dios y no recibe todas las respuestas. En esta etapa se dice que está en el segundo nivel de fe.

¿Cómo puede llegar al tercer nivel de fe en el cual pueda vivir por la Palabra?

¿Qué clase de vida cristiana llevará en el tercer nivel de fe?

1. El tercer nivel de fe

Cuando acepta al Señor y recibe el Espíritu Santo, se planta una semilla de fe en su corazón tan pequeña como un grano de mostaza. Si la semilla de fe brota, ésta alcanza un nivel de fe en el que usted procurará obedecer la Palabra, y así llegará a un nivel más alto en el cual la podrá obedecer.

Al principio no puede obedecer totalmente a la Palabra aunque la escucha, pero a medida que su fe crece, puede entenderla más profundamente y puede obedecerla más. Por esta razón, "la fe para obedecer" es llamada también "la fe que lo capacita a uno para entender".

Entender la Palabra es diferente a almacenar la Palabra como conocimiento. Es decir, tratar de obedecer la Palabra por obligación o a la fuerza, porque aún no sabe que la Biblia es la Palabra de Dios. Muy diferente es llegar a obedecerla de manera voluntaria y pronta, ya que claramente entiende por qué debe hacerlo.

Obedeciendo la Palabra a través del intelecto

Citemos un ejemplo. Imagine que escucha un mensaje que fue predicado de esta forma: "Si guarda el Día del Señor como un día santo y da las ofrendas y todo el diezmo, Dios echará fuera toda clase de problemas y pruebas de su vida. Él lo sanará de toda clase de enfermedades. Bendecirá su alma y lo prosperará económicamente".

Si cree que conoce la Palabra después de haber escuchado el mensaje pero no la entiende en su corazón, no siempre la obedecerá en su vida diaria. Podrá tratar de cumplir la Palabra, pensando: "Sí, eso parece correcto", y a veces guardará el mandamiento, pero otras veces no lo obedecerá dependiendo de su situación. Este ciclo podrá repetirse hasta que logre alcanzar la fe perfecta en la Palabra.

Sin embargo, si llega a entender la Palabra y la cree con todo su corazón, usted guardará el Día del Señor como un día santo, dará todo el diezmo, y no comprometerá su santidad bajo ninguna circunstancia por más difícil que sea.

Por ejemplo, suponga que el presidente de una compañía le dice a sus empleados: "Si alguno trabaja durante la noche, le pagaré horas extras y le daré un ascenso". Si la opción de trabajar tiempo extra depende de cada empleado, y si todos ellos confían en la promesa del presidente de la compañía, ¿qué cree que harán ellos?

Con toda seguridad ellos trabajarán durante la noche, a menos que tengan razones específicas para no hacerlo. Por lo general, toma algunos años lograr una promoción en una compañía y también hay que esforzarse para aprobar el examen de ascenso. Considerando todo esto, ningún trabajador de esa compañía dudará en trabajar tiempo extra una noche, un mes, o incluso más tiempo.

El mandamiento de Dios de guardar el Día del Señor como un día santo y dar el diezmo, también es verdadero. Si confía completamente en la promesa de Dios de guardar el Día del Señor como un día santo y dar el diezmo completo a Dios, la pregunta es ¿qué hará usted al respecto?

La obediencia trae bendiciones

Cuando santifica el Día del Señor, reconoce la soberanía de Dios y que Él es el Señor del reino espiritual. Por eso Dios le protege de toda clase de desastres y accidentes durante la semana, y le bendice de tal manera que a su alma le irá bien si guarda el Día del Señor como un día santo. También acepta la soberanía de Dios a través de las ofrendas y el diezmo, puesto que admite que todas las cosas, tanto en los Cielos como en la Tierra, le pertenecen a Dios.

Ya que Dios es el creador de todas las cosas, la vida misma viene de Él, y también viene de Él la fortaleza con la cual se esfuerza y trabaja, y procura hacer lo mejor de usted. En otras palabras, todas las cosas le pertenecen a Dios. De acuerdo a este principio, todos sus ingresos son de Dios. Sin embargo, Él le permite que le de solo la décima parte y use el resto para usted.

Malaquías 3:8-9 nos recuerda: *"¿Robará el hombre a Dios? Pues vosotros me habéis robado. Y dijisteis: ¿En qué te hemos robado? En vuestros diezmos y ofrendas. Malditos sois con maldición, porque vosotros, la nación toda, me habéis robado".*

Por otra parte, se encuentra bajo maldición si comete el grave pecado de robar el diezmo a Dios. Pero si da el diezmo completo en obediencia a este mandato, siempre estará bajo Su protección y recibirá las bendiciones en *"...medida buena, apretada, remecida y rebosando..."* (Lucas 6:38).

El entendimiento correcto de la Palabra trae obediencia

Solamente cuando entiende el verdadero significado de la Palabra más allá de simplemente guardarla como conocimiento, puede obedecerla y recibir las bendiciones de Dios, quien le premia de acuerdo a lo que haya hecho. Si no comprende el verdadero significado de la Palabra de Dios, sin embargo, no podrá obedecerla completamente a pesar que trate de hacerlo, porque la recibe, la guarda y la considera solamente como conocimiento en su cerebro.

Por esta razón, debe esforzarse para que su fe crezca. Un bebé de seguro morirá si no se le alimenta. Tiene que ser alimentado periódicamente, mover sus manos o pies, y ver, oír, y aprender de sus padres y de otras personas. En este proceso, el conocimiento y la sabiduría del bebé aumentan, y él crece, y madura bien y correctamente.

De la misma forma, los creyentes no solo deben escuchar la Palabra de Dios, sino que deben tratar de entender su verdadero significado. Si ora pidiendo obedecer la Palabra de Dios, entonces podrá entender su significado y tener la fortaleza para obedecerla.

Por ejemplo, Dios dice en 1 Tesalonicenses 5:16-18: *"Estad siempre gozosos. Orad sin cesar. Dad gracias en todo, porque esta es la voluntad de Dios para con vosotros en Cristo Jesús"*.

Los que están en el segundo nivel de fe, con un sentido de obligación, probablemente oran, dan gracias, y están gozosos porque es el mandamiento de Dios. No obstante, no le darán gracias cuando no lo sienten, o cuando no están gozosos o cuando enfrentan situaciones difíciles, porque tratan de obedecer la Palabra solamente con un sentido de obligación.

Las personas en el tercer nivel de fe, sin embargo, pueden obedecer la Palabra porque están parados sobre la roca de la fe. Entienden por qué deben dar gracias en todo tiempo, por qué deben orar sin cesar, y estar siempre gozosos. Por eso, están siempre gozosos y agradecidos desde lo profundo de su corazón y oran continuamente en cualquier circunstancia.

Entonces, ¿por qué Dios le manda que esté gozoso en todo tiempo? ¿Cuál es el verdadero significado de este mandamiento? Si está alegre solo cuando algo bueno y agradable le sucede y no lo está cuando enfrenta problemas o preocupaciones, no hay ninguna diferencia con la gente del mundo que no cree en Dios.

Esas personas están en busca de cosas del mundo porque no conocen de dónde vienen ni a dónde van los seres humanos. Por eso, están contentos solo cuando sus vidas están llenas de situaciones y acontecimientos agradables y felices. De otro modo, viven abrumados y hundidos en preocupaciones, ansiedad, tristeza, o dolor que viene del mundo.

Los creyentes, sin embargo, pueden vivir en forma muy diferente a esas personas porque tienen esperanza del Cielo. Nosotros, como creyentes, no tenemos por qué preocuparnos ni por qué estar ansiosos ya que nuestro verdadero Padre es el Dios que creó los Cielos y la Tierra, que ha estado gobernando todo y que controla la historia de la humanidad. ¿Por qué deberíamos preocuparnos o temer? Además, puesto que disfrutaremos de la vida eterna en el Reino de los Cielos por medio de Jesucristo, no tenemos otra opción sino la de estar gozosos.

Fe para obedecer la Palabra

Si entiende la Palabra de Dios en lo profundo de su corazón, podrá estar gozoso, incluso en momentos cuando no debería estarlo; dar gracias en todo tiempo, incluso cuando le es difícil dar gracias, y orar, incluso en momentos cuando no desea orar. Solo entonces, su enemigo el diablo, se alejará de usted, los problemas y dificultades lo dejarán, y todos los problemas serán resueltos porque el Dios Todopoderoso está con usted.

Si dice creer en el Dios Todopoderoso, pero todavía se preocupa, o cuando enfrenta un problema está gozoso de mala gana, usted está en el segundo nivel de fe.

Sin embargo, si ha sido transformado al comprender verdaderamente la Palabra de Dios, estará gozoso y agradecido de corazón, y estará en el tercer nivel de fe. Lo siguiente es lo que ocurre cuando está en el tercer nivel de fe: en la misma medida que trata de servir y amar a los demás, también el odio se irá, y su corazón, poco a poco, será lleno de amor espiritual y de amor para amar a sus enemigos. Es porque ahora entiende de corazón el amor del Señor que llevó la terrible cruz por los pecadores.

Jesús fue crucificado, insultado, y maltratado por los malvados pecadores aunque hizo solo el bien y era inocente. Él no odió a los que lo crucificaron, lo insultaron o lo ridiculizaron, sino que oró a Dios para que los perdonara. Finalmente demostró Su gran amor dando Su vida por ellos.

Quizás usted haya odiado a aquellos que lo lastimaron o difamaron sin razón alguna, antes de entender el gran amor de Jesús su Señor. Sin embargo, ahora tal vez odie sus pecados, mas no a ellos. Además, usted no envidia a los que trabajan más o son más elogiados que usted, sino por el contrario, se alegra de ellos y los ama a todos mucho más en Cristo. Quizás haya dudado de la Palabra de Dios o la haya juzgado de acuerdo a su propia forma de pensar cuando la escuchó por primera vez, pero ahora recibe la Palabra con gozo y sin dudar o juzgarla. En el tercer nivel de fe, usted obedece la Palabra de Dios, mandamiento tras mandamiento.

Dios recompensa una fe acompañada por obras

Antes de conocer a Dios, sufrí por siete años de toda clase de enfermedades, tanto así que me habían apodado "tienda de enfermedades". Hice todo lo posible por sanar, pero todo fue en vano y, por el contrario, cada día mi salud empeoraba. Al parecer, era imposible que la ciencia médica sanara las enfermedades que padecía y no podía hacer otra cosa sino, esperar la muerte.

Sin embargo, un día, fui sanado al instante por el poder de Dios y recobré mi salud. Por medio de esta maravillosa experiencia, conocí al Dios vivo y desde entonces he confiado completamente en Él sin dudar jamás, y he dependido totalmente de la Palabra de la Biblia. He obedecido incondicionalmente toda Palabra de Dios. He estado gozoso en todo tiempo a pesar de las dificultades, y he dado gracias en toda situación problemática, porque eso ha sido lo que Dios me ha dicho que haga en la Biblia.

Mi mayor felicidad ha sido asistir a los servicios de adoración y orar a Dios los domingos; incluso no acepté un muy buen empleo y comencé a trabajar en construcción, porque me había propuesto guardar el Día del Señor como un día santo.

Sin embargo, estaba lleno de gozo y de agradecimiento por el hecho que Dios era mi Padre. Él vino a mí cuando estaba esperando la muerte debido a las numerosas y graves enfermedades que sufría, y yo estaba muy agradecido por su inconmensurable gracia. Me mantuve orando y ayunando a fin de vivir completamente por la Palabra de Dios. Entonces, un día, escuché la voz de Dios llamándome como siervo suyo. Con un corazón obediente decidí convertirme en un buen siervo suyo y hoy le sirvo como Pastor.

Siempre doy gracias a Dios, mi Padre, desde lo más profundo de mi corazón, ya sea que esté de rodillas orándole, caminando por la calle, o hablando con alguien. De la misma manera, siempre estoy gozoso de todo corazón. Las preocupaciones y problemas confrontarán a cualquiera, y en calidad de Pastor principal de una iglesia de más de 100.000 miembros, tengo bastante trabajo y responsabilidades. Tengo que enseñar y capacitar a muchos siervos y ministros de Dios a fin de llevar a cabo la tarea asignada por Dios y cumplir la gran comisión en el mundo, guiando a infinidad de almas al Señor. El diablo trama toda clase de trampas para impedir el cumplimiento de los planes de Dios, y provoca todo tipo de dificultades y de pruebas. Muchas cosas que lamentar, que implorar, y por las cuales preocuparse, vienen a mí una y otra vez, y yo podría haber caído, si me hubiera dejado abrumar por ellas o si hubiera sentido temor.

Sin embargo, nunca me he dejado avasallar o derrotar por las preocupaciones y ansiedades porque entendí claramente la voluntad de Dios. Siempre le di gracias a Él y oré con gozo sin importar cuán grandes eran mis problemas y aflicciones, por eso Dios siempre ha obrado para bien en todas las cosas y me ha bendecido en todo lo demás.

2. Hasta alcanzar la roca de la fe

Ver las cosas sin fe, con ojos de temor y de ansiedad, solo dañará su espíritu y afectará su salud. Si entiende el significado espiritual de la Palabra de Dios, que nos dice: *"Estad siempre gozosos. Orad sin cesar. Dad gracias en todo, porque esta es la voluntad de Dios para con vosotros en Cristo Jesús"*, usted puede dar gracias de todo corazón en cualquier situación.

Es porque firmemente cree que esa es la forma de agradar a Dios, de amarle y de que Él le responda. Además, es la llave para resolver sus problemas, para ser bendecido, y para echar fuera a Satanás y al diablo.

Imagínese que una mujer y su nuera no se lleven bien. Ellas saben que deben amarse y estar en paz. Sin embargo, ¿qué sucederá si ellas se acusan entre sí o se guardan rencor la una a la otra? Nada podrá solucionarse entre las dos.

Por otra parte, si la suegra habla mal de su nuera a otros miembros de la familia y a los vecinos, y la nuera, por su parte, habla mal de su suegra delante de otras personas, las peleas, pleitos y conflictos no terminarán y no habrá paz en el hogar.

Por el contrario, ¿qué pasará si las dos se arrepienten de sus malas acciones, y buscan comprenderse entre ellas poniéndose en el lugar de la otra, perdonándose y amándose la una a la otra? Entonces, habrá paz en el hogar. La suegra hablará bien de su nuera ya sea que la nuera esté presente o no, y la nuera elogiará de todo corazón y respetará a su suegra. ¡Qué relación más apacible, tranquila y amorosa tendrán! Ese también es el camino y la forma para llegar a ser amado por Dios.

La primera etapa del tercer nivel de fe

La razón por la que algunas personas no pueden obedecer a la Palabra, incluso si saben que es verdadera, se debe a que en sus corazones todavía tienen mucha falsedad, que va contra la voluntad de Dios, y ésta falsedad apaga el anhelo del Espíritu Santo. Así, cuando entra a la primera etapa del tercer nivel de fe, empieza a batallar contra los pecados hasta el punto de derramar su sangre (Hebreos 12:4).

A fin de desechar sus pecados, usted deberá esforzarse orando fervientemente con ayuno y oración como Jesús nos enseñó: *"... este género con nada puede salir, sino con oración y ayuno"* (Marcos 9:29). Solo entonces recibirá la suficiente fuerza y gracia de Dios para vivir por la Palabra de Dios. De la misma manera, si está en el tercer nivel de fe, deseará desechar lo que Dios le dice que deseche, y hará lo que le dice que haga como la Biblia ordena.

¿Significa esto que todos los que guardan el Día del Señor como un día santo y dan el diezmo están en el tercer nivel de fe? No, ese no es el caso. Algunas personas pueden asistir al servicio el domingo y dar las ofrendas y el diezmo con una actitud hipócrita, pueden hacerlo solamente porque tienen miedo de enfrentar pruebas y dificultades porque no guardan estos mandamientos, o porque quieren que los ministros y siervos de Dios hablen bien de ellos. Si adora a Dios en espíritu y en verdad, la Palabra le será más dulce que la miel.

Sin embargo, cuando no tiene deseos de asistir al servicio de adoración el domingo, está propenso a aburrirse con el mensaje y solo piensa: "Ojalá el culto termine pronto....". Esto es porque, a pesar que su cuerpo está en el santuario de Dios, su corazón está en otro lugar.

Si asiste al culto de adoración el domingo pero deja que su corazón esté divagando en el mundo, no puede considerar que haya santificado el Día del Señor porque Dios examina el corazón de los que le adoran. En este caso, todavía está en el segundo nivel de fe a pesar de que da el diezmo completo.

La medida de fe será diferente en cada persona a pesar de que estén en el mismo nivel de fe. Si la medida perfecta de cada nivel de fe está al 100%, su fe gradualmente crece del 1% al 10%, 20%, 50%, y así sucesivamente hasta llegar al 100% en cada nivel de fe. Si su fe llega a la medida del 100%, sube a otro nivel de fe mayor.

Por ejemplo, suponga que dividimos la medida del segundo nivel de fe del 1% al 100%. Mientras su fe se acerca al 100% en el segundo nivel de fe, usted puede alcanzar el tercer nivel de fe. De la misma manera, si su fe llega al 100% en el tercer nivel de fe, estará en el cuarto nivel de fe. Por lo tanto, debe poder examinar en qué nivel de fe está actualmente, y cuánto de ese nivel ha logrado alcanzar.

La roca de la fe

Si su fe llega más allá del 60% en el tercer nivel de fe, se puede decir que está parado sobre la roca de fe. En Mateo 7:24-25 Jesús nos dice: *"Cualquiera, pues, que me oye estas palabras, y las hace, le compararé a un hombre prudente, que edificó su casa sobre la roca. Descendió lluvia, y vinieron ríos, y soplaron vientos, y golpearon contra aquella casa; y no cayó, porque estaba fundada sobre la roca".*

"La Roca" aquí se refiere a Jesucristo (1 Corintios 10:4), y la "roca de fe" se refiere a estar firme en la verdad, Jesucristo. Por esta razón, si se para en la roca de la fe después de haber llegado más allá del 60% en el tercer nivel de fe, no va a caer cuando enfrente cualquier clase de dificultades y pruebas. Una vez que usted se de cuenta que es el camino correcto y que es la voluntad de Dios, usted obedecerá la voluntad de Dios hasta el fin, porque permanecerá parado firme sobre la roca de la fe.

Por lo tanto, siempre podrá vivir una vida victoriosa y dar gloria a Dios sin ser tentado por el diablo y Satanás. Además, el gozo y la gratitud fluirán sobreabundantemente de su corazón a pesar de las dificultades y las pruebas, y orando incesantemente, disfrutará de paz y de reposo.

Suponga que su hijo está a punto de morir a causa de un accidente de tránsito. A pesar de esta aparente tragedia, usted derrama lágrimas de agradecimiento del corazón y está gozoso porque está firme en la verdad. Incluso si queda discapacitado a causa de un accidente, no guardará rencor a Dios, diciendo: "¿Por qué no me protegiste?" Sino que al contrario, dará gracias a Dios por haber protegido otras partes de su cuerpo.

En realidad, el simple hecho de que nuestros pecados sean perdonados y que podamos ir al Cielo es suficiente para que nosotros demos gracias a Dios. Aún si queda discapacitado, esto no puede evitar que vaya al Cielo porque cuando usted entra al reino celestial, su cuerpo lisiado cambiará a un cuerpo perfectamente celestial.

En otras palabras, no hay razón para quejarse o sentirse triste. Por supuesto, Dios ciertamente lo protegerá si tiene siempre esta clase de fe. Y si aún Dios permitiera que resultara lastimado en un accidente de tránsito para que pudiera recibir bendiciones, aún así, podría ser completamente sanado de acuerdo a su fe.

Una vida triunfante y victoriosa sobre la roca de la fe

Aún cuando los que están en la primera etapa del tercer nivel de fe tienen el deseo de obedecer la Palabra, a veces la obedecen llenos de gozo y en otras veces la obedecen de mala gana. Esto sucede porque este último grupo de personas todavía no está completamente santificado, y tienen en su corazón conflictos entre la verdad y la mentira.

Por ejemplo, usted trata de servir a los demás y no odiarlos porque Dios le enseña a no odiar a los demás sino a amar a su enemigo. Sin embargo, aunque parezca que está sirviendo a los demás, podría sentirse todavía incómodo porque no los ama de corazón. Pero si se para firme sobre la roca de la fe, el enemigo diablo y Satanás no tendrán éxito en tentarle y molestarle, porque tiene el corazón lleno de verdad para seguir el deseo del Espíritu Santo, y no tiene nada que temer porque camina en medio del poder del Dios Todopoderoso.

Así como el joven David dijo valientemente al gigante Goliat con fe: *"porque de Jehová es la batalla, y él os entregará en nuestras manos"*, (1 Samuel 17:47), usted también podrá hacer una confesión de fe tan valientemente a medida que Dios le de la victoria de acuerdo a su fe. Nada puede obstaculizarlo o derrotarlo porque el Dios Todopoderoso es su ayudador.

Si tiene comunión con Dios y participa de Su amor, puede recibir respuestas a sus problemas y a sus peticiones en el momento que le pida con fe. Sin embargo, esto no se aplica a las personas que oran poco y que no tienen comunión con Dios. Cuando ellos enfrentan problemas, es muy difícil que reciban las respuestas de Dios aunque clamen: "Dios con toda seguridad me dará la solución a este problema". Es como si estuvieran esperando que una manzana por sí sola caiga del árbol. Por eso debemos orar constantemente.

Cómo alcanzar la roca de la fe

No es fácil que un boxeador se convierta en campeón mundial. La victoria requiere esfuerzo constante, mucha paciencia, y un fuerte autocontrol. Al comienzo un novato, por falta de habilidad, perderá peleas de práctica.

Sin embargo, a medida que entrena constantemente y mejora su técnica y habilidad, podrá golpear al contrincante al menos una vez, incluso si lo han golpeado dos o tres veces. Si perfecciona su destreza y mejora su fortaleza entrenándose pacientemente y con mucho esfuerzo, ganará más peleas, y su confianza también aumentará.

Del mismo modo, un alumno que es bueno en inglés se apresurará por llegar a la clase de inglés, y una vez que empieza, la disfrutará de comienzo a fin. Por el contrario, los alumnos que tienen bajo rendimiento en inglés probablemente se sentirán aburridos y molestos durante la clase de inglés.

Es lo mismo en la guerra espiritual contra el diablo. Si se encuentra en el segundo nivel de fe, el deseo del Espíritu Santo dentro de usted libra la batalla más dura contra los deseos pecaminosos, porque los dos tienen la misma magnitud de poder. Es como una pelea entre dos personas con la misma fuerza y habilidad. Si uno golpea al otro, el otro le devuelve el golpe. Si uno golpea al otro cinco veces, también el otro lo golpeará cinco veces. Es lo mismo en la guerra espiritual contra el diablo. A veces vence al diablo y a veces es vencido por él.

Sin embargo, si se mantiene en oración y trata de obedecer la Palabra sin sentir o tener ninguna frustración, Dios derramará Su gracia y fortaleza y el Espíritu le ayudará. Como resultado de ello, el deseo del Espíritu Santo crecerá en su corazón y su fe constantemente aumentará hasta llegar al tercer nivel.

Una vez que entre al tercer nivel de fe, el deseo de la naturaleza pecaminosa disminuirá y le será más fácil vivir en fe. Cuando ore sin cesar como la Palabra lo manda, entonces disfrutará el orar a Dios. Si al comienzo podía orar por diez minutos como máximo, ahora podrá orar veinte minutos, luego treinta, y después podrá orar fácilmente al menos por dos o tres horas.

No es fácil para los que se inician en la fe orar por más de diez minutos porque no tienen suficientes motivos o peticiones por los cuales pedir, así que se sienten un poco incómodos en la oración y envidian a los que pueden orar fluidamente sin ninguna dificultad. Pero, si sigue orando con paciencia con todo su corazón, recibirá fortaleza de lo alto para orar varias horas al día. Dios le da Su gracia y fortaleza para orar cuando hace todo lo posible para orar sin cesar.

En esta manera, con continuidad en la oración, su fe madura. Y cuando alcanza una medida más alta de fe dentro del tercer nivel, poseerá una fe inquebrantable e inmovible sin desviarse a la derecha ni a la izquierda en cualquier prueba o dificultad.

Más allá de la roca de la fe

Si está parado sobre la roca de la fe, Dios le ama, resuelve sus problemas, y responde a sus peticiones. También puede oír la voz del Espíritu, estar gozoso y agradecido en toda circunstancia como Dios ordena, y siempre está alerta y vigilante orando constantemente porque vive y permanece en la Palabra escrita en los sesenta y seis libros de la Biblia.

Si es un ministro, un anciano, un pastor, o un líder en la iglesia pero no puede oír la voz del Espíritu Santo, debe saber que todavía no está parado sobre la roca de la fe. Esto no quiere decir necesariamente que puede escuchar la voz del Espíritu Santo solamente cuando se encuentra parado sobre la roca de la fe.

Incluso los que se inician en la fe escuchan Su voz cuando obedecen a la Palabra de Dios a medida que la aprenden. Porque obedecen a la Palabra, no les toma mucho tiempo para que su fe crezca del primer nivel a la medida de la roca de la fe.

Desde que acepté al Señor, comencé a entender en mi corazón la gracia de Dios, y a medida que aprendía Su Palabra trataba de obedecerla. Debido a esto, pude oír la voz del Espíritu Santo y ser guiado por Él, porque obedecí a la Palabra de todo corazón con total determinación de modo que incluso estaba, y estoy dispuesto, a dar gozosamente mi vida por el Señor, si es necesario.

Me tomó tres años el poder escuchar la voz del Espíritu Santo claramente. Por supuesto, usted puede escuchar Su voz en un año o dos si lee diligentemente la Palabra de Dios, la guarda en su mente, y la obedece. Pero, sin importar cuánto tiempo tenga como creyente, no escuchará la voz del Espíritu Santo si ha vivido conforme a su manera de pensar y a su criterio sin obedecer la Palabra.

Hay algunos creyentes que dicen: "Antes estaba lleno del Espíritu Santo y tenía una buena fe. Servía activamente en la iglesia. Pero mi fe ha decaído desde que tropecé espiritualmente por culpa de un miembro de otra iglesia". En este caso, no se puede decir que esa persona haya tenido anteriormente una buena fe y que haya servido diligentemente en la iglesia.

Además, si esas personas realmente hubieran tenido una buena fe, en primer lugar, no debían haber caído o tropezado por causa de otro creyente, y no tendrían que haber abandonado su fe. Es posible que hayan actuado de esa manera porque tenían solamente una fe física o en la carne y sin obras, a pesar de haber tenido conocimiento de la Palabra de Dios.

No deberíamos ser necios en dejar la iglesia después de enredarnos en ciertos problemas con algunos miembros de la iglesia. ¡Cuán lamentable sería si traiciona a Dios que lo redimió de sus pecados y le dio una vida verdadera, tan solo para regresar al mundo que conduce a la muerte eterna, todo porque tuvo problemas con un ministro, un líder, un hermano o una hermana, en su iglesia!

Debería admitir que está lejos de la roca de la fe si ora hipócritamente, solo para exhibirse como una persona ferviente en la oración, o si siente malestar y hostilidad por aquellos que murmuran o hablan de usted. Si está parado sobre la roca de la fe, no debería ser enemigo de ellos sino orar por ellos con lágrimas de amor.

A lo largo de mi ministerio desde 1982, he pasado tiempos muy difíciles y situaciones extremadamente desagradables en la iglesia. Algunos ministros o miembros de iglesia tuvieron demasiada maldad para ser perdonados desde una perspectiva humana, pero nunca he sentido odio ni hostilidad hacia ellos. Como ya la Palabra me había transformado, traté de ver la parte buena y positiva en lugar de ver sus aspectos malos y negativos.

De esta manera, puede obedecer completamente a la Palabra y disfrutar de la libertad que la Palabra de Dios le da, si ha llegado a la medida completa del tercer nivel de fe y está firme en la Palabra de Dios. Entonces estará siempre gozoso, dará gracias en todo tiempo, y orará sin cesar. Nunca perderá el sentido de gratitud ni se sentirá triste. Además, estará parado firme sobre la roca de Jesucristo sin tambalear o voltear a la derecha o a la izquierda.

3. Resistiendo el pecado al punto de derramar sangre

En el corazón de los que están en el segundo nivel de fe, los deseos del Espíritu Santo batallan contra los deseos de la naturaleza pecaminosa. Sin embargo, aquellos que están en el tercer nivel de fe expulsan el deseo de la naturaleza pecaminosa y llevan vidas triunfantes en la Palabra, porque siguen el deseo del Espíritu Santo.

En el tercer nivel de fe, es fácil vivir una vida en Cristo porque ya ha desechado las obras de la naturaleza pecaminosa cuando estaba en el segundo nivel de fe. Si usted entra al tercer nivel de fe, sin embargo, empieza a batallar contra los deseos de la naturaleza pecaminosa, una mezcla de la naturaleza del pecado y de la carne enraizada profundamente en nosotros, hasta el punto de tener que derramar sangre.

Como resultado, cuando usted alcanza la medida completa del tercer nivel, ya no piensa más de acuerdo a la mente pecaminosa, sino que obedece completamente a la Palabra y disfruta de la libertad en la verdad, porque ya se ha despojado de toda clase de comportamiento o conducta de la naturaleza pecaminosa.

La importancia de desechar la naturaleza pecaminosa

Si usted ama a Dios y obedece Su Palabra, no le tomará mucho tiempo incrementar la medida de su fe del segundo al tercer nivel. Por el contrario, si asiste a la iglesia regularmente pero no trata de obedecer a la Palabra, no puede llevar la medida de su fe a un nivel más alto y tiene que quedarse en el nivel presente, el segundo nivel de fe.

Es lo mismo que ocurre con una semilla que no ha sido sembrada y regada por mucho tiempo. Si una semilla no ha sido sembrada y regada por un período largo de tiempo, pierde su vida. Su espíritu también crece solo cuando entiende la Palabra de Dios y la obedece. Debe hacer todo lo posible por entender la Palabra y obedecerla de modo que su alma sea prosperada y le vaya bien.

Una vez que una semilla es sembrada en la tierra, es fácil que brote. Por otra parte, ese brote o capullo puede morir si viene una lluvia torrencial o si la gente lo pisotea, y por eso, ese tierno botón debe ser atendido cuidadosamente. De la misma manera, los que están en el tercer nivel deberán cuidar de aquellos que están en el primer o segundo nivel de fe para que puedan crecer bien en la fe.

Por otra parte, si crece hasta llegar a tener una fe del tamaño de un árbol grande entrando al tercer nivel, ya no caerá, pero fuertes pruebas y tempestuosas dificultades o desastres podrían venir sobre usted. No es fácil sacar de raíz a un árbol grande porque sus raíces están plantadas en lo profundo de la tierra, aunque sus ramas pueden doblarse o romperse. De la misma manera, por un momento podrá parecer que está a punto de caer mientras enfrenta pruebas y dificultades, pero podrá recuperar su fortaleza y seguir creciendo en la fe porque su fe está profundamente enraizada y no será removida bajo ninguna circunstancia.

Un constante esfuerzo para llegar a la medida completa de la fe

Toma buen tiempo para que un árbol crezca, florezca y produzca fruto o crezca hasta llegar a ser un árbol grande donde las aves se puedan posar. Del mismo modo, no es difícil llevar su fe desde el segundo nivel hasta el tercer nivel de fe cuando decide firmemente hacerlo, pero toma mucho más tiempo para subir del tercer al cuarto nivel de fe. Es porque debe escuchar la Palabra de Dios y entenderla en su espíritu para así poder obedecer la Palabra que está escrita en los sesenta y seis libros de la Biblia, sin embargo no es fácil entender la perfecta voluntad de Dios en corto tiempo.

Por ejemplo, aunque un alumno sea sobresaliente en la primaria, no puede entrar a la universidad o dirigir su propio negocio inmediatamente después de terminar la primaria.

No obstante, hay algunas personas brillantes que entran a la Universidad al aprobar los exámenes de ingreso a una edad joven, mientras otros entran a la Universidad después de varios intentos.

De igual modo, puede alcanzar el cuarto nivel de fe rápida o lentamente dependiendo de cuánto se esfuerce. Por supuesto, el factor más importante es el tamaño del corazón de esa persona. El empeño de un corazón pequeño no es muy grande para madurar su fe hasta un nivel más alto, aun cuando entiende la Palabra y tiene la fe y la esperanza del Cielo. Por el contrario, un vaso o un corazón grande, entiende lo que es correcto, decide hacer las cosas que son correctas, y sigue esforzándose hasta lograr su objetivo.

Por lo tanto, debe comprender lo decisivo que es hacer todo esfuerzo y luchar contra sus pecados hasta el punto de derramar su sangre a fin de llevar su fe del tercer al cuarto nivel lo más rápido posible.

Cumpliendo su servicio y sus obligaciones mientras se despoja del pecado

No debe descuidar sus obligaciones dadas por Dios mientras esté batallando contra sus pecados. Por ejemplo, había una diaconisa importante en mi iglesia, quien había trabajado conmigo desde su fundación. Ella y su esposo, que estaban sufriendo de graves enfermedades, vinieron a mi iglesia. Oré por ellos y fueron sanados.

Desde entonces, ella recuperó su salud y procuró que la

medida de su fe aumentara, pero no cumplió completamente con sus obligaciones como diaconisa principal. No se esforzó por luchar contra el pecado hasta el punto de derramar su sangre, y la maldad permaneció en su corazón a pesar de que seguía asistiendo a la iglesia y había escuchado la Palabra de Dios por quince años. Sus obras y palabras recordaban la fe de aquellos en el segundo nivel.

Afortunadamente, ella estuvo espiritualmente despierta unos meses antes de su muerte y trató de agradar a Dios entregando y distribuyendo folletos de la iglesia. A medida que fui orando por ella en tres ocasiones, pudo subir al tercer nivel de fe en un corto tiempo.

Por eso, usted debe, no solamente luchar contra sus pecados hasta el punto de derramar sangre para desechar toda clase de mal, sino también cumplir de todo corazón con los deberes y las tareas que Dios le ha dado para que pueda alcanzar un mayor nivel de fe.

Es muy difícil que por su propia voluntad y en sus propias fuerzas pueda despojarse de sus pecados, pero si recibe la fortaleza del Dios del Cielo, le resultará muy fácil.

Es mi oración y deseo en el nombre del Señor que sea un cristiano sabio a los ojos de Dios en la medida que recuerde que Su poder viene sobre los que no solo desechan todo tipo de pecado y de maldad, luchando contra ellos al punto de ser capaz de derramar su sangre, sino también sobre los que cumplen de todo corazón con el servicio y las tareas que Dios les ha encomendado.

Capítulo 7

LA FE PARA AMAR AL SEÑOR AL GRADO MÁXIMO

LA MEDIDA DE FE

"El que tiene mis mandamientos, y los guarda,
ése es el que me ama; y el que me ama,
será amado por mi Padre, y yo le amaré,
y me manifestaré a él".

(Juan 14:21)

Al igual que cuando sube una escalera lo hace escalón por escalón, deberá desarrollar su fe nivel por nivel, hasta alcanzar la medida plena de la fe. Por ejemplo, 1 Tesalonicenses 5:16-18 nos dice: *"Estad siempre gozosos. Orad sin cesar. Dad gracias en todo, porque esta es la voluntad de Dios para con vosotros en Cristo Jesús"*. El grado de la obediencia que uno tiene a éste mandamiento es diferente de acuerdo a la medida de la fe de cada individuo.

Si está en el segundo nivel de fe, se desanima en lugar de estar gozoso y agradecido cuando enfrenta pruebas y dificultades, porque todavía no le ha sido dada la fuerza suficiente para vivir por la Palabra de Dios. Cuando entre al tercer nivel de fe y deseche los pecados luchando contra ellos hasta el punto de derramar sangre, entonces podrá estar gozoso y agradecido hasta cierto grado en las pruebas y dificultades.

Incluso si todavía está en el tercer nivel de fe y enfrenta graves problemas, podría dudar un poco o estar escéptico, o en cierto modo estar gozoso a la fuerza porque aún no ha entendido completamente el corazón de Dios.

Sin embargo, si se para firme sobre la roca de la fe que está profundamente plantada en la tercera medida de fe, estará gozoso y agradecido de corazón, a pesar que enfrente pruebas y dificultades. También si alcanza un nivel mayor de fe, el cuarto nivel, el gozo y el agradecimiento siempre fluirán en abundancia de su corazón. Por consiguiente, en el cuarto nivel de fe estará muy lejos de sentirse triste o de mal humor en pruebas y dificultades, sino más bien reflexionará humildemente sobre sí mismo, preguntándose: "¿He hecho algo incorrecto?" Así, cualquiera que alcance el cuarto nivel de fe, en el cual puede amar a Dios al máximo nivel, prosperará en todo lo que haga.

1. El cuarto nivel de fe

Cuando los creyentes dicen: "Te amo, mi Señor", la confesión de aquellos que están en el segundo o tercer nivel de fe es muy diferente a la de los que están en el cuarto nivel. Una cosa es amar moderadamente al Señor, esto es porque el corazón está limitado para amar, y otra cosa muy diferente es amar al Señor de corazón, al máximo nivel. Tal como Proverbios 8:17 nos promete: *"Yo amo a los que me aman, y me hallan los que temprano me buscan",* aquellos que aman al Señor al máximo nivel pueden recibir cualquier cosa que le pidan.

Amar al Señor por sobre todas las cosas

Los patriarcas de la fe, quienes amaban a Dios al máximo nivel, estaban llenos de abundante gozo y sincera gratitud a pesar de que sufrían sin haber hecho nada malo.

Por ejemplo, el profeta Daniel daba gracias a Dios con fe y oraba aun cuando estuvo a punto de ser arrojado al foso de los leones a causa de una confabulación tramada por personas malvadas.

Sin embargo, Dios se agradó de su fe, envió a Sus ángeles para cerrar la boca de los leones, y protegerlo a Daniel de ellos. Por eso, Daniel pudo dar gran gloria a Dios (Daniel 6:10-27).

En otra ocasión, tres amigos de Daniel confesaron al Rey Nabucodonosor su fe en Dios, aun cuando estaban a punto de ser arrojados a un horno ardiente, ya que no se inclinaron ni adoraron la imagen de oro que el Rey había hecho.

En Daniel 3:17-18 podemos leer lo que ellos confesaron: *"He aquí nuestro Dios a quien servimos puede librarnos del horno de fuego ardiendo; y de tu mano, oh rey, nos librará. Y si no, sepas, oh rey, que no serviremos a tus dioses, ni tampoco adoraremos la estatua que has levantado"*.

Sin claudicar ni doblegarse, confiaron en el Dios con cuyo poder todas las cosas son posibles, y firmemente declararon que estaban listos a dar sus vidas por el Dios al cual servían, aun si Él no los salvaba del horno ardiente.

Fueron fieles a su deber sin esperar nada a cambio, y no se quejaron a Dios, a pesar que confrontaron una prueba que amenazaba sus vidas sin razón alguna. Aun así, se regocijaron y dieron gracias por la gracia de Dios, ya que tenían la completa seguridad de que irían al Cielo en los brazos de su amante Padre, aunque murieran quemados en el horno ardiente.

De acuerdo a su confesión de fe, Dios los protegió del horno ardiente de modo que ni siquiera un cabello de sus cabezas se quemó. Viendo este milagro, el rey se sobresaltó en gran manera, y dio gloria a Dios, ascendiendo a los tres amigos de Daniel a una posición más alta.

Considere el siguiente ejemplo: Los apóstoles Pablo y Silas fueron brutalmente azotados por hombres malvados y echados en una oscura y sucia prisión cuando viajaban de ciudad en ciudad, predicando el evangelio. En la noche, cuando ellos cantaban alabanzas y daban gracias a Dios, un repentino terremoto abrió las puertas de la prisión (Hechos 16:19-26).

Imagínese que usted sufre injustamente como estos patriarcas de la fe. ¿Cree que podría regocijarse y dar gracias de todo corazón? Si se siente contrariado, alterado, enojado, molesto, colérico o de mal carácter, debe darse cuenta que está lejos de la roca de la fe. Si llega más allá de la roca de la fe, estará siempre gozoso y agradecido de todo corazón, a pesar de las dificultades y pruebas que enfrente, porque entiende la providencia de Dios. Si está sufriendo o padeciendo injustamente, debe haber una razón para ello. Pero ya que con la ayuda del Espíritu Santo es capaz de identificar la razón de ese sufrimiento, entonces podrá regocijarse y estar agradecido.

¿Y qué le sucedió a David, el Rey más grande de Israel? Debido a la rebelión de su hijo Absalón, el rey David fue destronado y huyó, y vivió pasando hambre y sin tener un lugar dónde dormir. Además de su abdicación, el rey David fue apedreado y maldecido por un simple siervo llamado Simei. Uno de los siervos de David le pidió al rey permiso para matarlo, pero David se lo prohibió, diciendo: *"...Dejadle que maldiga, pues Jehová se lo ha dicho"* (2 Samuel 16:11).

Además, David nunca pronunció una sola palabra de queja durante sus pruebas. Él se mantuvo firme, amando y confiando en Dios, y permaneció fiel en su fe. En medio de tales pruebas, David pudo escribir hermosas y apacibles composiciones de alabanza, como la que encontramos en el Salmo 23.

De este modo, David siempre creyó que Dios obraba para el bien suyo, aun cuando no entendía las pruebas y dificultades por las que atravesaba, porque comprendió en todo tiempo la voluntad de Dios dándole gracias a Él con lágrimas de gozo.

Después que David pasó esas pruebas, llegó a ser el Rey a quien Dios más amó. También pudo hacer de Israel una nación tan poderosa que los países vecinos le fueron tributarios. De esta forma, al ver Dios la fe de David, hizo que todas las cosas obraran para el bien del Rey y lo bendijo abundantemente.

Obedecer con gozo al Señor con todo amor

Suponga que hay un hombre y una mujer que pronto se van a casar. Ellos están tan enamorados el uno del otro que están dispuestos a dar sus vidas, si es necesario, por el ser amado. Cada uno de ellos quiere darle al otro todo lo que tiene, y desean agradarse en todo tiempo, aun a su propio costo.

Anhelan estar juntos todo el tiempo, tanto como les sea posible. No les importa el frío si caminan juntos, incluso por una calle llena de nieve o en medio de una terrible tormenta. No se sienten cansados ni exhaustos aun si se quedan despiertos toda la noche hablando por teléfono.

Igualmente, si ama al Señor a este extremo, de la misma forma como se ama esta pareja que está a punto de casarse, y tiene un corazón invariable y constante para Él, estará en el cuarto nivel de fe. Entonces, ¿cómo puede mostrar su amor por Él? ¿Cómo mide el Señor su amor por Él?

Jesús nos dice en Juan 14:21: *"El que tiene mis mandamientos, y los guarda, ése es el que me ama; y el que me ama, será amado por mi Padre, y yo le amaré, y me manifestaré a él".*

Si ama a Dios debe obedecer Sus mandamientos; ésta es la

evidencia de su amor por el Señor. Si verdaderamente ama a Dios, Él también le amará y estará con usted y le mostrará que está con usted. Por el contrario, si no obedece Sus mandamientos, es difícil que reciba el favor, la aprobación o las bendiciones de Dios.

¿Confía verdaderamente en el Señor? Si es así, con seguridad obedecerá Sus mandamientos y le adorará en espíritu y en verdad. Nunca estará soñoliento ni adormecido al escuchar el sermón. ¿Cómo puede decir que ama a alguien si se queda dormido cuando esa persona le habla? Si realmente ama a su compañero, tan solo el escuchar su voz le será motivo de gran alegría.

De la misma manera, si verdaderamente ama a Dios, estará completamente feliz y gozoso al escuchar Su Palabra. Si se siente con sueño o aburrido, es evidente que no ama a Dios. 1 Juan 5:3 nos recuerda: *"Pues este es el amor a Dios, que guardemos sus mandamientos; y sus mandamientos no son gravosos"*.

De hecho, a los que aman a Dios, no les es difícil obedecer Sus mandamientos. Así, podrá obedecer completamente Sus mandamientos si logra tener la fe para amar verdaderamente a Dios. Obedece por fe y con amor los mandamientos desde lo más profundo de su corazón, en vez de obedecerlos de mala gana o con un sentimiento de carga o de imposición.

Además, si llega al cuarto nivel de fe, obedecerá con gozo y alegría cada Palabra de Dios porque realmente lo ama mucho, al igual que un cónyuge quiere darle a su pareja todo lo que le pida o lo que desea.

El maligno no podrá dañarlo

Aquellos que aman al Señor al máximo, llegan a santificarse

obedeciendo completamente la Palabra, de la manera como en 1 Tesalonicenses 5:21-22 nos dice: *"Examinadlo todo; retened lo bueno. Absteneos de toda especie de mal"*.

¿Cómo le recompensa Dios cuando no solamente se despoja de los pecados luchando contra ellos hasta el punto de derramar sangre, sino también de toda especie de mal? ¿Cómo le muestra Dios la evidencia de Su amor? Dios promete muchas bendiciones a aquellos que alcanzan la santidad y la pureza porque le recompensa conforme a lo que siembra y a lo que hace.

Primero: Como leemos en 1 Juan 5:18: *"Sabemos que todo aquel que ha nacido de Dios, no practica el pecado, pues Aquel que fue engendrado por Dios le guarda, y el maligno no le toca"*; nacemos de Dios. Llegará a ser un hombre espiritual cuando no peque más porque se esfuerza para vivir por la Palabra de Dios y se despoja de los pecados luchando contra ellos hasta derramar sangre. Luego el enemigo maligno, Satanás, ya no podrá dañarlo porque Dios lo protegerá.

Segundo: 1 Juan 3:21-22 nos promete: *"Amados, si nuestro corazón no nos reprende, confianza tenemos en Dios; y cualquiera cosa que pidiéremos la recibiremos de él, porque guardamos sus mandamientos, y hacemos las cosas que son agradables delante de él"*; su corazón no le reprende cuando agrada a Dios, no solo obedeciendo Sus mandamientos, sino también echando fuera toda clase de maldad.

Entonces, tendrá confianza y seguridad en Dios y recibirá todo lo que le pida como Dios lo promete. Él no miente ni cambia; y cumple todo lo que declara y promete (Números 23:19). Por eso, le dará todo lo que le pida si lo ama al máximo y llega a santificarse.

Incluso cuando recién me estaba iniciando en el camino de la fe, me sentía de alguna forma decepcionado o desilusionado cuando los mensajes o los cultos de adoración eran cortos porque quería conocer y saber más acerca de la voluntad de Dios y recibir Su gracia. Pude alcanzar la medida completa de fe en un corto tiempo porque me esforcé al máximo para vivir por la Palabra tan pronto la entendía.

Por ello, hoy puedo ofrecerle todo a Dios, sin reparos, incluso mi propia vida con toda mi alma, mi corazón y mi mente, y puedo vivir únicamente por la Palabra a fin de expresarle mi total amor y agradarle. Aunque le dé todo lo que tenga, siempre desearé darle más. Mi esposa y mis hijas también se han consagrado al Señor de todo corazón ya que les he enseñado a vivir de esta forma. Si siente que vivir la vida cristiana es una carga, entonces necesita tener sed por la Palabra de Dios, procurar adorarle en espíritu y en verdad, y esforzarse en vivir solo por la Palabra.

2. Su alma es prosperada

Las personas en el cuarto nivel de fe siempre viven por la Palabra. Mientras la declaran con todo su corazón, se preguntan todo el tiempo: "¿Qué haré para agradar más a Dios?", y su obediencia se reflejará con toda seguridad en su accionar y en su vivir, que seguirán la confesión de fe que proviene de sus corazones. Es porque aman a Dios al máximo.

A estas personas Dios les promete en 3 Juan 1:2: *"Amado, yo deseo que tú seas prosperado en todas las cosas, y que tengas salud, así como prospera tu alma".*

¿Qué significa "que tu alma prospere"? ¿Qué clases de bendiciones se dan?

Su alma prospera

Cuando el hombre fue creado, Dios sopló aliento de vida en él y llegó a ser un alma viviente. El hombre estaba compuesto de un espíritu, por el cual podía tener comunión con Dios, de un alma que estaba controlada por el espíritu, y de un cuerpo, en el que habitan el espíritu y el alma; y además, como alma viviente podía vivir eternamente (Génesis 2:7; 1 Tesalonicenses 5:23).

Por lo tanto, aquel cuya alma es prosperada puede controlar y regir sobre todas las cosas y vivir eternamente al igual que el primer hombre Adán, quien se comunicaba con Dios y obedecía completamente Su voluntad.

Sin embargo Adán, el primer hombre, desobedeció el mandamiento de Dios y perdió todas las bendiciones que Dios le había dado. Dios le mandó: *"Y mandó Jehová Dios al hombre, diciendo: De todo árbol del huerto podrás comer; mas del árbol de la ciencia del bien y del mal no comerás; porque el día que de él comieres, ciertamente morirás"* (Génesis 2:16-17). Adán desobedeció el mandamiento de Dios y comió del árbol del conocimiento. Finalmente su espíritu, a través del cual podía comunicarse con Dios, murió y fue arrojado del Huerto del Edén.

Aquí, al decir "su espíritu murió" no significa que el espíritu de Adán se extinguió sino que perdió la capacidad que había tenido al principio. El espíritu debía tener el papel de amo y señor del alma; pero el alma tomó el lugar del espíritu ya que el espíritu murió. El primer hombre Adán, como ser viviente, se comunicaba con Dios, quien es Espíritu.

Sin embargo, el espíritu de Adán murió a causa de su desobediencia y como resultado de eso ya no pudo comunicarse más con Dios. Por eso, se convirtió en un hombre controlado por su alma, la cual llegó a ser su amo, gobernándolo en lugar del espíritu.

"Alma" se refiere al sistema de memoria en el cerebro y en la mente, a toda clase de recuerdos y al pensamiento por el cual la memoria guardada es reproducida. Un hombre de alma significa que ya no depende de Dios sino que confía en los conocimientos y teorías humanas. A través del constante obrar de Satanás en la mente y en los pensamientos del ser humano, es decir en el alma, la injusticia y la maldad se han apoderado del hombre, y el mundo se ha llenado de perversidad en la misma medida en que el hombre la ha aceptado. El mundo se ha llenado más de pecado, y de generación en generación se va corrompiendo más.

El primer hombre, Adán, como espíritu viviente y como señor de todas las cosas, gozaba de vida eterna porque su espíritu era quien lo controlaba y por eso podía comunicarse con Dios. Cuando por la desobediencia las tinieblas entraron en su corazón, que antes había estado lleno solamente con la verdad, poco a poco ese corazón llegó a ser controlado por Satanás, el gobernante de las fuerzas de la oscuridad.

Por eso, los descendientes del desobediente Adán han llegado ha ser como bestias, que tienen alma y cuerpo, sin espíritu. Han llegado a vivir una vida llena de toda clase de engaños, como mentira, adulterio, odio, asesinatos, envidia y celos, todo lo cual está en contra de la Palabra de Dios (Eclesiastés 3:18).

No obstante, el Dios de amor abrió el camino de la salvación a través de Su Hijo Jesucristo, y dio el Espíritu Santo como un don o regalo a todo el que acepta a Jesucristo como su Salvador, para que de esa manera su espíritu que estaba muerto pueda resucitar. Si alguien recibe el regalo del Espíritu Santo al aceptar a Jesucristo, su espíritu muerto recobra vida. Además, si permite que el Espíritu Santo haga nacer a su espíritu dentro de usted, poco a poco se convertirá en un hombre espiritual.

Esa persona podrá disfrutar de la misma forma de todas las bendiciones que disfrutó el primer hombre, Adán, como ser viviente porque su alma será prosperada, lo cual quiere decir que su espíritu llegará a ser el amo y señor, y de ahora en adelante su alma obedecerá al espíritu. Este es el proceso de crecimiento de su fe y el proceso para que prospere su alma.

Usted está en el primer nivel de fe al aceptar a Jesucristo y recibir el Espíritu Santo. Después podrá estar parado sobre la roca de la fe y vivir solo por la Palabra a través de una feroz e intensa guerra entre su espíritu, que sigue el deseo del Espíritu Santo, y su alma, que sigue el deseo de la naturaleza pecaminosa. Si alcanza el cuarto nivel de fe, llegará a ser santo y se asemejará al Señor porque su espíritu llegará a ser el amo y señor de su ser.

Su espíritu controla su alma

Cuando su espíritu controla su alma como amo y señor, y su alma obedece la dirección de su espíritu como un siervo, se dice que "su alma prospera". Entonces, en forma natural se asemejará al corazón y a la actitud del Señor, como nos dice Filipenses 2:5:

"Haya, pues, en vosotros este sentir que hubo también en Cristo Jesús".

Cuando su espíritu dirige su alma, el Espíritu Santo controla su corazón al 100% porque la Palabra de Verdad gobierna su corazón y por eso, ya no confía más en su propio pensamiento ni criterio. En otras palabras, podrá obedecer completamente la Palabra de Dios porque ha derribado toda clase de argumentos y pensamientos de la carne; y en cambio, su corazón llega a convertirse en la verdad misma.

De esta forma, cuando llega a ser un hombre espiritual y es guiado por el Espíritu Santo, podrá evadir cualquier clase de dificultad y de prueba y ser protegido del peligro en toda circunstancia. Por ejemplo, si va a ocurrir un desastre natural o un inesperado accidente, va a escuchar la voz del Espíritu Santo advirtiéndole que deje ese lugar de modo que esté seguro.

Por eso, cuando su alma prospera, encomienda todos sus caminos a Dios con un corazón obediente. Entonces Él controla su corazón y sus pensamientos, lo guía en todos sus caminos, y lo bendice con buena salud.

Sobre éste particular, el capítulo 28 de Deuteronomio detalla lo siguiente:

"Y vendrán sobre ti todas estas bendiciones, y te alcanzarán, si oyeres la voz de Jehová tu Dios. Bendito serás tú en la ciudad, y bendito tú en el campo. Bendito el fruto de tu vientre, el fruto de tu tierra, el fruto de tus bestias, la cría de tus vacas y los rebaños de tus ovejas. Benditas serán tu canasta y tu artesa de amasar. Bendito serás en tu entrar, y bendito en tu salir".

(Deuteronomio 28:2-6)

Por lo tanto, aquellos que obedecen a la Palabra de Dios, como sus almas prosperan, no solamente recibirán vida eterna en el Cielo, sino que también disfrutarán de toda clase de bendiciones en la salud, en las cosas materiales, e inclusive para los años venideros en este mundo.

Para que todo le vaya bien

José, hijo de Jacob, pasó por una situación desesperada: sus propios hermanos lo vendieron cuando era joven y fue llevado a Egipto; allí cayó en desgracia, y sin hacer ningún mal fue enviado a la cárcel.

A pesar de la difícil situación, José no se desanimó, sino que se dejó guiar completamente por el Todopoderoso Dios. Debido a su gran fe, Dios mismo controló todas las circunstancias de José y preparó todo lo que necesitaba. Así, todas las cosas prosperaron para José y fue honrado grandemente, llegando a ser Primer Ministro de Egipto.

Por lo tanto, a pesar de que José había sido llevado cautivo a Egipto en su juventud y había sido esclavo de un egipcio allí, finalmente recibió el encargo de dirigir a Egipto y pudo salvar, tanto a su familia como al pueblo de Egipto, de siete años de sequía. Además, sentó la base para que el pueblo de Israel viviera allí.

Hoy hay más de seis billones de personas sobre la tierra. Entre ellos, más de un billón creen en Jesucristo. ¡Qué bien se sentiría Dios si entre esa población de un billón de cristianos, hubiera numerosos hijos de Dios que fueran intachables y sin mancha!

Dios estaría con ellos y los bendeciría en todos sus caminos. Al enfrentar dificultades, Dios mismo apremiaría sus corazones para que pudieran salir de ellas o los llevaría a orar. Al guiarlos a orar, Dios recibiría su oración y los libraría de esas dificultades porque es un Dios justo.

Hace algunos años me invitaron a participar en una Conferencia de Evangelización en Los Ángeles. Antes de salir, sentí una necesidad urgente de parte de Dios de orar por la conferencia, así que me concentré por dos semanas para orar por la conferencia en una casa de oración en la montaña. No supe por qué Dios me había motivado para orar tan fuertemente por la conferencia hasta que llegué a Los Ángeles.

El diablo y Satanás habían instigado a personas malvadas para que impidieran que la conferencia se llevara a cabo, y el evento estuvo a punto de cancelarse. Después de recibir mi oración y la oración de los miembros de la iglesia, Dios destruyó anticipadamente sus astutos planes.

Por eso, cuando llegué a Los Ángeles, encontré todo listo para la conferencia, en la cual pude participar exitosamente sin ninguna dificultad. Además, pude glorificar grandemente a Dios al habérseme concedió la oportunidad de pronunciar la oración de bendición al Consejo Municipal de la ciudad de los Ángeles, y también al recibir de parte del Gobierno del Condado de Los Ángeles, la condecoración en el grado de Ciudadano Honorario otorgada por primera vez a una persona de nacionalidad coreana.

En esta forma, aquel cuya alma es próspera, confía todas las cosas a Dios. Cuando encomienda todo en oración sin depender de su propio pensamiento, criterio, voluntad, o proyectos, Dios dirige su mente y lo guía de modo que todas las cosas prosperen y le vayan bien.

Incluso si enfrenta un problema, Dios obrará para su bien en todo si le da siempre las gracias, a pesar de estar enfrentando una situación difícil, porque cree firmemente que Dios lo permite de acuerdo a Su voluntad. A veces podrá enfrentar algún problema por hacer algo conforme a su propio criterio, experiencia o forma de pensar, sin depender de Dios, pero aun en esos momentos, Dios inmediatamente lo ayudará cuando entiende su error y se arrepiente.

Controlado totalmente por el Espíritu Santo

Si está parado sobre la roca de la fe, no tendrá ninguna duda y llegará a creer firmemente en la existencia de Dios y en Sus obras y hechos, como la Resurrección del Señor y Su pronto retorno, cómo Dios creó todas las cosas de la nada, y cómo responde a sus oraciones.

Por eso, en cualquier tribulación o dificultad, solo podrá regocijarse, orar, y dar gracias a Dios porque no dudará jamás. No obstante, el Espíritu Santo todavía no controla su corazón al 100% porque aún no ha alcanzado la completa santificación. A veces no podrá estar completamente seguro, si lo que escucha es la voz del Espíritu Santo o no, y podrá confundirse porque aún permanecen en usted pensamientos y criterios carnales.

Por ejemplo, cuando está orando por abrir o establecer una compañía, y en ese momento encuentra cierto negocio y empieza a dirigirlo, pensando que es la respuesta de Dios a su oración. Al comienzo, el negocio parece un éxito, pero después las cosas empiezan a cambiar y se ponen cada vez peores. Ahí se da cuenta que no oyó la voz del Espíritu Santo sino que todavía depende de su propio pensamiento y forma de pensar.

Por lo tanto, aquellos que están parados sobre la roca de la fe, en muchos casos, tienen éxito porque entienden la verdad y viven por la Palabra, pero todavía no son perfectos en su fe puesto que no han entrado al nivel en el cual pueden encomendar completamente todas las cosas a Dios y confiar solo en Él.

¿Cómo son las personas en el cuarto nivel de fe? Si está en el cuarto nivel de fe, su corazón ya ha sido transformado por la verdad, su vida la vive de acuerdo a la Palabra de Dios, y la verdad ha sido interiorizada y se ha hecho carne en su cuerpo y en su corazón. Su corazón se ha transformado en espíritu y entonces su espíritu controla completamente su alma. Así, ya no vive conforme a su propio pensamiento o criterio porque el Espíritu gobierna su corazón al 100%. Por lo tanto, ahora prosperará en todo lo que haga, porque Dios lo guía cuando le obedece, y sigue la dirección del Espíritu Santo.

Una vez que ha orado para conseguir o lograr algo, podrá ser guiado por el camino de la prosperidad y el triunfo, sin cometer un error, esperando con paciencia hasta que el Espíritu lo dirija al 100%. Génesis 12 nos recuerda que Abraham obedeció y dejó su tierra tan pronto como Dios se lo mandó, aun cuando no sabía a dónde debía ir. Sin embargo, por su obediencia a la voluntad de Dios, fue bendecido y llegó a ser el padre de la fe y amigo de Dios.

Por eso, no tiene por qué preocuparse si Dios dirige sus caminos. Podrá disfrutar de las bendiciones de Dios en todas las áreas de su vida solamente si confía y le obedece, porque el Todopoderoso Dios está con usted.

Obras perfectas de obediencia

Si llega al cuarto nivel de fe, obedecerá con gozo todos los mandamientos, porque amará al máximo a Dios. No obedecerá de mala gana o a la fuerza, sino que lo hará libre, voluntaria y alegremente de todo corazón, porque lo ama.

Permítame usar un ejemplo para ayudarle a entender mejor esto. Suponga que tiene una gran deuda. Si no la paga ahora mismo, deberá ser castigado de acuerdo a la ley. Peor aún, suponga que uno de sus familiares necesita ser operado de urgencia en forma inmediata. De seguro se sentiría desalentado si no tuviera dinero en esta terrible situación.

¿Cuál sería, entonces, su reacción si de casualidad encuentra un diamante de gran tamaño en la calle? Su respuesta variará de acuerdo a la medida de su fe.

Si está en el primer nivel de fe, en el cual solo ha recibido la salvación, podría pensar: "Con esto, puedo cancelar toda mi deuda y pagar los gastos médicos". Esto es porque todavía no conoce bien la Palabra de Dios. Mirará alrededor para ver si hay alguien y si no hay nadie recogerá el diamante.

Si está en el segundo nivel de fe, en el cual está tratando de vivir por la Palabra, podría tener un conflicto espiritual entre el deseo de la naturaleza pecaminosa, diciendo: "¡Esta es la respuesta de Dios a mi oración!", y el deseo del Espíritu Santo, diciendo: "¡No! Esto es robar, debo devolverlo a su dueño".

Al comienzo, podría dudar y considerar la posibilidad de llevárselo o llevarlo a la policía, pero al final, lo mete en su bolsillo, porque la presencia del mal en usted es más fuerte que la del bien, de lo contrario no tuviera ninguna deuda o no estuviera en tan difícil situación, podría dudar por un momento y llevarlo a la policía. Sin embargo, el mal dentro de usted, tarde o temprano, derrotará al bien porque se halla en una situación desesperada y apremiante.

Si está en el tercer nivel de fe o parado sobre la roca de la fe, y obedece el deseo del Espíritu Santo, llevará el diamante a la policía porque quiere devolverlo a su dueño. No obstante, en su corazón podría echar de menos la gema, pensando: "¡Podía haber pagado mi deuda y la operación!". De modo que su obrar todavía no es perfecto porque el deseo de mentir de esta manera todavía permanece en usted.

¿Cómo actuaría en esta complicada situación si está en el cuarto nivel de fe? Al estar en este nivel nunca pensará en su propio deseo, aun viendo tan costosa joya, porque no tiene falsedad en su corazón y esa clase de malos pensamientos nunca atacarán su mente.

Al contrario, se sentirá apenado por el dueño, pensando: "¡Cuán afligido debe estar! Apuesto que está buscándola por todo sitio. ¡La llevaré a la policía ahora mismo!". Hará lo que piensa y la llevará a la policía.

De esta forma, si ama al máximo al Señor y está en el cuarto nivel de fe, siempre obedecerá la ley de Dios ya sea que alguien le esté mirando o no, porque vive de acuerdo a la ley. En esta situación, no es necesario tratar de distinguir la voz del Espíritu Santo de alguna otra, como la de su propia mente pecaminosa.

Antes de estar parado sobre la roca de la fe, muchas veces se encontrará en dificultades porque no le será fácil distinguir entre su propio pensamiento y la voz del Espíritu Santo. Aun estando parado sobre la roca de la fe, podría no saber diferenciar completamente entre ambas.

Sin embargo, una vez que ha alcanzado el cuarto nivel de fe, no tiene por qué sentirse apesadumbrado o cargado y solamente tiene que seguir la voz del Espíritu Santo, porque Él dirige y controla su corazón y mente al 100%.

Además, cuando está en el cuarto nivel, no confía en el pensamiento, sabiduría o experiencia humana, sino que el Señor lo guía en todos sus caminos. Por eso, podrá disfrutar de las bendiciones de "Jehová-Yiré" (El Señor Proveerá) y todo lo que haga prosperará y le irá bien en todo lo que emprenda.

3. Amar incondicionalmente a Dios

Si está en el cuarto nivel de fe, su amor por Dios es incondicional. Usted predica el evangelio o fielmente hace la obra de Dios porque, sin esperar recibir bendiciones o respuestas de Dios, simplemente lo considera su deber hacerlo así. Es lo mismo cuando sirve a su prójimo con amor sacrificial. Lo hace sin esperar ninguna clase de pago o retribución de parte de ellos, sino porque ama demasiado sus almas.

¿Acaso los padres le piden a sus hijos alguna clase de compensación o retribución por su amor? Nunca lo hacen; amar es dar. Los padres están simplemente agradecidos y gozosos por el hecho que tienen hijos a quienes amar. Si hay algunos padres que quieren que sus hijos les obedezcan o los educan solo para presumir o vanagloriarse, están esperando alguna compensación por su amor.

Del mismo modo, si los niños aman a sus padres con un corazón sincero, no desearán nada en retribución de ellos.

Cuando hacen sus tareas y cumplen sus deberes y tratan de hacer todo lo posible para agradar a sus padres, éstos se verán forzados a pensar: "¿Qué debo darles?"

Asimismo, si alcanza la medida de fe en la cual ama al máximo al Señor, el mismo hecho de haber recibido la gracia de la salvación será suficiente para llevarle a agradecer a Dios, y por lo tanto, sentirá que no hay forma de retribuir Su gracia y no podrá evitar amar incondicionalmente la verdad y a Dios.

Por lo tanto, si tiene la fe para amar a Dios sin ninguna condición, podrá orar, trabajar, y servir día y noche por el Reino de Dios y Su justicia, sin esperar ningún pago en retribución por ello.

Amar a Dios con un corazón invariable

En Hechos 16:19-26 encontramos a Pablo y Silas, quienes a pesar de haber hecho lo bueno al predicar el evangelio a los gentiles liberándolos de demonios, fueron apresados y arrastrados al mercado por gente malvada. Allí, fueron desnudados, brutalmente azotados, y echados en una prisión. Fueron puestos en una celda en lo último de la cárcel con sus pies atados a un cepo. Si usted estuviera en su lugar, ¿qué haría?

Si está en el primer o en el segundo nivel de fe, podría quejarse o lamentarse: "Dios, ¿estás vivo en verdad? Hemos trabajado fielmente para Ti hasta ahora. Pero, ¿por qué permites que estemos presos?"

En el tercer nivel de fe, usted nunca diría tales palabras pero podría orar en un tono un poco deprimido: "Dios, nos viste ser humillados de esta forma mientras predicábamos el evangelio trabajando para Ti. Todo esto es muy doloroso. ¡Por favor sánanos y libéranos!"

Pablo y Silas, sin embargo, dieron gracias a Dios y le cantaron alabanzas a pesar que estaban en una situación terrible y desesperada, y no tenían idea de lo que les sucedería. De pronto, un violento terremoto sacudió los cimientos de la prisión. Al instante, todas las puertas de la prisión se abrieron y las cadenas de todos los prisioneros se soltaron. Además de éste milagro, el carcelero y su familia aceptaron el evangelio de Jesucristo y fueron salvos.

Por lo tanto, las personas que están en el cuarto nivel de fe pueden dar gloria a Dios en todo tiempo, porque tienen una fe sólida y firme con la cual pueden orar y alabar a Dios con gozo en cualquier prueba y dificultad.

Obedeciendo por completo y con gozo

En Génesis 22, Dios le ordena a Abraham sacrificar a su único hijo Isaac, el hijo de la promesa de Dios, como ofrenda quemada para Él. Una ofrenda quemada se refiere al sacrificio ofrecido a Dios al cortar un animal en partes y poner esas partes sobre la leña debidamente dispuesta en el altar, para luego quemarlo todo.

A Abraham le tomó tres días llegar a la región de Moriah, donde iba a sacrificar a su hijo Isaac como holocausto, en obediencia al mandato de Dios. ¿Qué cree que había en la mente de Abraham durante esos tres días de viaje?

Algunos argumentan que Abraham fue allí con conflictos en su mente: "¿Debo obedecer o no?" Sin embargo, ese no fue el caso. Debemos recordar que las personas en el tercer nivel de fe procuran amar a Dios porque saben que deben amarlo.

Sin embargo, los que están en el cuarto nivel simplemente lo aman, sin tener que tratar de hacerlo. Dios sabía de antemano que Abraham le obedecería con gozo y probó su fe. No obstante, Dios no permitirá pasar una prueba tan difícil a las personas que no son capaces de obedecerle.

Por eso, Hebreos 11:19 dice que Abraham, *"pensando que Dios es poderoso para levantar aun de entre los muertos, de donde, en sentido figurado, también le volvió a recibir"*.

Abraham pudo obedecer con gozo el mandato de Dios porque creía que Dios podía levantar a su hijo de los muertos. Al final, Abraham pasó la prueba de su fe y recibió una enorme y gran bendición. Llegó a ser el padre de la fe, bendición para todas las naciones, y también fue llamado "amigo" de Dios.

Si es la clase de persona que obedece a Dios con gozo, estará siempre agradecido y alegre en cualquier clase de pruebas y dificultades. No podrá sino agradecer a Dios de todo corazón y orará siempre porque sabe que Dios obrará en todas las cosas para su bien y le dará bendiciones a través de esas pruebas y persecuciones.

Dios se agrada con la fe y le da lo que usted le pida. Por eso, Jesús nos dice en Mateo 8:13: *"...como creíste, te sea hecho"*, y en Mateo 21:22: *"Y todo lo que pidiereis en oración, creyendo, lo recibiréis"*.

Si todavía tiene una petición de oración no contestada, eso prueba que no ha confiado totalmente en Dios sino que ha dudado. Por lo tanto, debe alcanzar el nivel para llegar a amar a Dios incondicionalmente, obedeciéndole con gozo en su corazón en cualquier circunstancia.

Aceptar todo con amor y misericordia

¿Qué haría si alguien lo culpa y lo acusa sin razón alguna? Si está en el segundo nivel de fe, no podrá soportarlo y reclamará o se quejará por eso. Además, si tiene malos pensamientos en su mente, se pondrá de mal humor y hasta podría insultar a esa persona. Sin embargo, no es correcto ni bueno que los que creen en Dios, demuestren ninguna clase de maldad como ira, enojo, o lenguaje grosero, como se nos dice en 1 Pedro 1:16: *"Sed santos, porque yo soy santo"*.

¿Cómo reaccionaría si se encuentra en el tercer nivel de fe? Se sentirá dolido e incómodo ya que Satanás trabaja constantemente en su mente. Esto es porque, a pesar que sabe que debería estar gozoso, la gratitud y el gozo no están fluyendo en su corazón.

Si está en el cuarto nivel de fe, su mente no se estremecerá ni se sentirá disgustada, aun cuando otros puedan odiarle o perseguirle sin razón, porque ya ha desechado toda clase de maldad.

Jesús no se sintió perturbado ni dolido, aun cuando confrontó persecuciones, peligros, infortunios, y menosprecio de la gente mientras predicaba el evangelio. Nunca dijo algo como: "No hice más que el bien, y sin embargo gente malvada me ha perseguido e incluso tratan de matarme. Estoy muy angustiado". En cambio, Jesús no les habló otra cosa sino la Palabra de Vida.

Si está en el cuarto nivel de fe, ha llegado a seguir el corazón de Dios. Ahora se lamenta por aquellos que le persiguen y ora por ellos en vez de odiarlos o de ser agresivo con ellos. Los perdona y los entiende, aceptándolos con amor y misericordia.

Por eso, espero que comprenda que en la misma situación, la gente colérica o irascible, que se enoja rápidamente u odia a los demás, se siente dolida y deprimida, mientras que aquellos que perdonan y aceptan a otros con amor y misericordia, no sienten ninguna angustia, y vencen el mal con el bien.

4. Amar a Dios sobre todas las cosas

Si alcanza el nivel para amar al Señor sobre todas las cosas, obedecerá completamente los mandamientos y su alma prosperará. Le será natural amar al Señor sobre todo lo demás. Por eso, el Apóstol Pablo pudo confesar en Filipenses 3:7-9 que consideraba todas las cosas que tenía como pérdida y, de hecho, perdió todo porque lo consideraba como "basura":

"Pero cuantas cosas eran para mí ganancia, las he estimado como pérdida por amor de Cristo. Y ciertamente, aun estimo todas las cosas como pérdida por la excelencia del conocimiento de Cristo Jesús, mi Señor, por amor del cual lo he perdido todo, y lo tengo por basura, para ganar a Cristo, y ser hallado en él, no teniendo mi propia justicia, que es por la ley, sino la que es por la fe de Cristo, la justicia que es de Dios por la fe".

Cuando se ama a Dios sobre todas las cosas

Jesús nos enseña en los Cuatro Evangelios la naturaleza de las bendiciones que serán dadas a aquellos que se desprenden de todo lo que tienen y aman a Dios más que a cualquier otra cosa, como lo hizo el apóstol Pablo. Él nos promete en Marcos 10:29-30 que los bendecirá más de cien veces en éste mundo y les dará vida eterna en el siglo venidero: *"...De cierto os digo que no hay ninguno que haya dejado casa, o hermanos, o hermanas, o padre, o madre, o mujer, o hijos, o tierras, por causa de mí y del evangelio, que no reciba cien veces más ahora en este tiempo; casas, hermanos, hermanas, madres, hijos, y tierras, con persecuciones; y en el siglo venidero la vida eterna"*.

La frase "dejar tu casa o hermanos o hermanas o madre o padre o hijos o tierras por el Señor y el evangelio" espiritualmente significa que ya no deseará más esas cosas terrenales, romperá con toda relación carnal, y amará a Dios, que es Espíritu, sobre todas las cosas.

Por cierto, esto no significa necesariamente que deje de amar a otras personas porque ama a Dios en primer lugar. Al respecto, 1 Juan 4:20-21 nos dice: *"Si alguno dice: Yo amo a Dios, y aborrece a su hermano, es mentiroso. Pues el que no ama a su hermano a quien ha visto, ¿cómo puede amar a Dios a quien no ha visto? Y nosotros tenemos este mandamiento de él: El que ama a Dios, ame también a su hermano"*.

La gente dice que los padres procrean físicamente a sus hijos. El hombre se forma en el vientre de la mujer por la combinación del espermatozoide del padre y del óvulo de la madre. Sin embargo, el espermatozoide y el óvulo de los padres han sido hechos por Dios el Creador y no por los mismos padres.

Además, después de la muerte este cuerpo visible vuelve a ser un puñado de polvo. El cuerpo en realidad es solamente una casa en la cual habita el espíritu y alma. El verdadero amo del hombre es el espíritu y es Dios mismo quien controla el espíritu. Por lo tanto, si entendemos que solo Dios nos puede dar verdadera vida, la vida eterna y el Cielo, debemos amar a Dios más que a cualquier otra cosa.

Yo estuve a las puertas de la muerte debido a todas las diferentes enfermedades incurables que padecí por siete años. Milagrosamente, fui sanado por completo cuando encontré al Dios vivo. Desde ese día, he amado a Dios más que a cualquier otra cosa y Él me ha retribuido bendiciéndome abundantemente.

Sobre todo, fui perdonado de todos mis pecados y recibí la salvación y vida eterna. Además, todo me fue bien, fui prosperado en todo y gocé de buena salud y mi alma también prosperó. Posteriormente Dios me llamó como siervo suyo para cumplir con la misión en el mundo y me ungió con poder.

Dios me ha revelado cosas que todavía no han sucedido. También me ha enviado muchos ministros y obreros fieles en la iglesia y ha hecho que mi iglesia crezca exponencialmente en número, de modo que pueda lograr la providencia de Dios.

Mientras tanto Él me ha bendecido al ser amado, tanto por los miembros de la iglesia como también por los no creyentes. Ha guiado a mi familia para que lo amemos por encima de todas las cosas o personas, y nos ha protegido completamente de toda clase de enfermedades y accidentes desde que aceptamos al Señor; ninguno de nosotros ha vuelto a ingerir medicina alguna ni ha sido hospitalizado. De esta forma, Dios me ha bendecido de tal manera que nada me falta.

Alcanzando el amor espiritual

Si ama a Dios más que todas las cosas, entonces vivirá en abundancia porque Él le guiará en toda circunstancia y la verdadera felicidad vendrá de lo Alto sobre su corazón en total plenitud.

Como consecuencia, podrá compartir ese abundante amor con los demás porque el amor espiritual reposará completamente sobre usted. Podrá amar a todos con un invariable y constante amor eterno porque no habrá mal en su mente en lo absoluto.

El amor espiritual está descrito en detalle en 1 Corintios 13:4-7:

"El amor es sufrido, es benigno; el amor no tiene envidia, el amor no es jactancioso, no se envanece; no hace nada indebido, no busca lo suyo, no se irrita, no guarda rencor; no se goza de la injusticia, mas se goza de la verdad. Todo lo sufre, todo lo cree, todo lo espera, todo lo soporta".

Actualmente hay conflictos, discordias, y disputas en este mundo, y en muchos hogares hay riñas entre esposo y esposa o entre los miembros de la familia, todo porque no hay amor espiritual entre ellos. Siempre hay enfrentamientos y no pueden forjar ni conservar un hogar en paz y tranquilo, porque todos quieren tener la razón y solo buscan ser amados.

Sin embargo, cuando se llega a amar a Dios sobre todas las cosas, se alcanza el amor espiritual echando fuera todo amor carnal. El amor carnal cambia y es egocéntrico, mientras que el amor espiritual pone con humildad a los demás en primer lugar y busca el beneficio de los demás y no el suyo propio. Si posee este amor espiritual, su hogar estará, con seguridad, lleno de felicidad y armonía.

Como siempre sucede, cuando se empieza a amar a Dios, será perseguido por su familia o por amigos que no creen en Dios (Marcos 10:29-30), pero eso no durará mucho. Si su alma está prosperando y alcanza el cuarto nivel de fe, la persecución se transforma en bendición y los que le persiguen llegarán a amarle y a estar de acuerdo con usted.

2 Corintios 11:23-28 describe cuán cruelmente el apóstol Pablo fue perseguido cuando estaba trabajando para el Señor predicando el evangelio. Pablo hizo más por el Señor que cualquier otro; frecuentemente fue encarcelado, cruelmente azotado, y expuesto a morir una y otra vez. Sin embargo, siempre dio gracias a Dios y estuvo lleno de gozo en vez de sentirse angustiado y afligido.

Por lo tanto, si alcanza el cuarto nivel de fe, en el cual ama a Dios por sobre todas las cosas, incluso si tiene que pasar por el valle de sombra de muerte, ese lugar le parecerá el Cielo, y la persecución pronto se tornará en bendición porque Dios está con usted.

En Mateo 5:11-12 Jesús nos dice: *"Bienaventurados sois cuando por mi causa os vituperen y os persigan, y digan toda clase de mal contra vosotros, mintiendo. Gozaos y alegraos, porque vuestro galardón es grande en los cielos; porque así persiguieron a los profetas que fueron antes de vosotros".*

Por lo tanto, debe entender que aun cuando las pruebas y dificultades vengan a causa del Señor, cuando se regocija y se encuentra alegre, no solamente recibe el amor de Dios, Su reconocimiento, y las recompensas en el Cielo, sino también cien veces más en ésta vida presente.

El fruto del Espíritu Santo y de las Bienaventuranzas

Cuando alcanza el cuarto nivel de fe, llevará en abundancia los nueve frutos del Espíritu Santo, y las Bienaventuranzas empezarán a llegar a su vida. Gálatas 5:22-23 nos dice acerca de los nueve dones del Espíritu Santo: *"Mas el fruto del Espíritu es amor, gozo, paz, paciencia, benignidad, bondad, fe, mansedumbre, templanza; contra tales cosas no hay ley"*.

El fruto del Espíritu Santo es el amor de Jesucristo, ese amor que nos hace dar agua al enemigo cuando está sediento y alimentarlo cuando tiene hambre. Cuando se tiene el fruto del gozo, la verdadera paz y felicidad vienen sobre usted, porque busca y transmite solamente bondad y armonía. También cuando tiene el fruto de la paz, estará en paz con todos en santidad.

Además, con el fruto de la paciencia, orará sin cesar con gratitud y gozo, incluso si se encuentra en sufrimientos y pruebas. Con el fruto de la bondad, podrá perdonar cosas imperdonables a los demás, entenderá cosas y situaciones que antes no podía entender, y buscará el beneficio de los demás para que puedan prosperar más que usted. Con el fruto de la bondad, podrá desechar toda clase de maldad, buscará la hermosura de la benignidad, y no descuidará a otras personas ni dañará sus sentimientos.

Con el fruto de la fe, obedecerá completamente la Palabra de Dios y será fiel al Señor hasta el punto de dar su propia vida porque anhelará la corona de vida. Con el fruto de la mansedumbre, será suave como el algodón, podrá dar la mejilla izquierda cuando alguien le golpea la mejilla derecha, y aceptará y comprenderá a cualquiera con amor y misericordia.

Finalmente, con el fruto de la templanza, obedecerá el mandamiento de Dios sin obstinación ni parcialidad, y cumplirá la voluntad de Dios de forma magnífica y armoniosa.

Además, verá que las Bienaventuranzas descritas en Mateo 5, las cuales son permanentes, inmutables y eternas, también empezarán a llegar sobre usted.

Cuando lleva abundantemente el fruto del Espíritu Santo y las Bienaventuranzas empiezan a llegar de esta manera sobre usted, estará muy cerca del quinto nivel de fe, en el que podrá llevar una vida próspera y muy rápidamente le serán concedidas las peticiones y deseos con tan solo desearlos en su mente.

A fin de llegar a la cumbre de la montaña, debe subirla paso a paso. En la cima, se sentirá descansado y contento aun a pesar de la ardua jornada que ha realizado. Los agricultores y labradores trabajan duro con la esperanza de una abundante cosecha, porque creen que mientras más trabajen y se esfuercen, la cosecha será mayor. De la misma forma, podemos cosechar las bendiciones que Dios nos ha prometido en la Biblia, si vivimos y andamos en la verdad.

Ruego en el nombre del Señor para que puedan tener la suficiente fe para amar a Dios por sobre todas las cosas, echando fuera todo pecado, luchando valerosamente contra el pecado y viviendo y permaneciendo en la voluntad de Dios.

Capítulo 8

~

LA FE PARA AGRADA A DIOS

"Amados, si nuestro corazón no nos reprende,
confianza tenemos en Dios; y cualquiera cosa que pidiéremos
la recibiremos de él, porque guardamos sus mandamientos,
y hacemos las cosas que son agradables delante de él".

(1 Juan 3:21-22)

Los padres rebozan de alegría y orgullo cuando sus hijos les obedecen, respetan y aman desde lo más profundo de sus corazones. Cuando sus hijos son así, no solamente les dan lo que les piden, sino que incluso, procuran darles lo que desean en sus corazones aunque no lo pidan, indagando cuáles son sus necesidades.

De igual manera, cuando obedecemos y agradamos a Dios, recibimos de Él no solo lo que le pedimos, sino también el deseo de nuestros corazones, pues Dios se complace en gran manera en nuestra fe y nos ama. A decir verdad, nada es imposible cuando tenemos este tipo de relación con Él.

Procedamos ahora a profundizar en la fe que agrada a Dios y la manera en que podemos obtenerla.

1. El quinto nivel de fe

La fe que agrada a Dios es superior a la fe del que ama a Dios por sobre todas las cosas. ¿Cuál es, entonces, la fe que le agrada? Alrededor nuestro vemos niños que aman de verdad a sus padres, obedecen la voluntad de sus padres y comprenden lo que hay en el corazón de sus padres en todo sentido. Es más, solo cuando podemos entender la dimensión del amor con que podemos agradar a nuestros padres, de la misma forma también podemos entender la fe que agrada a Dios.

¿Qué clase de amor puede agradar a Dios?

En las fábulas coreanas encontramos hijos, hijas o nueras obedientes, cuyas hazañas o acciones de amor agradaban a sus padres e incluso conmovían al cielo. Por ejemplo, hay un relato sobre un hijo que cuidaba de su madre anciana, quien estaba postrada en cama por una enfermedad, y en vano hacía cuanto podía para que su madre recuperase la salud.

Un día, el hijo se enteró que su anciana madre enferma se podía curar si bebía la sangre que brotara del dedo de él. Sin vacilar, el hijo se infirió un corte en el dedo y le hizo beber de su sangre, tras lo cual su madre se recuperó rápidamente. Naturalmente, no hay ninguna prueba médica que demuestre que la sangre de un hombre pueda revitalizar a una persona enferma; sin embargo, su sacrificio de amor y su empeño conmovieron a Dios, quien le mostró su gracia, tal como nos dice un proverbio coreano: "La sinceridad mueve el Cielo".

Hay otra historia que conmueve nuestros corazones, sobre un hijo que cuidaba a sus padres enfermos: En medio del invierno, viaja a lo profundo de una montaña, surcando la nieve que le cubre las rodillas, para excavar y extraer hierbas y frutas raras y misteriosas, que se decía eran buenas para curar a sus padres enfermos.

Y hay otro relato sobre un hombre y su esposa que todos los días, fielmente, servían buena comida a sus ancianos padres, aun cuando ellos mismos y sus hijos se quedasen casi siempre muriéndose de hambre.

¿Y qué de las personas de nuestro tiempo? Hay algunos que esconden la comida más deliciosa para dársela a sus hijos, pero apenas si sirven a sus padres con mezquindad y reticencia. No podríamos decir que tienen amor, en un sentido auténtico, si llenan de amor a sus hijos, pero olvidan la gracia y el amor de sus propios padres. Quienes verdaderamente aman a sus padres les servirán buena comida, e incluso tratarán de ocultar el hecho que sus propios hijos pasan hambre. ¿Podría usted sacrificarse por sus padres de esta manera?

Debemos, por lo tanto, notar la evidente diferencia que hay entre el amor que obedece con gozo y gratitud, y el amor que agrada a los padres. En el pasado no era fácil encontrar hijos que tuviesen ese amor que agrada a los padres, y ahora se ha vuelto mucho más difícil encontrar este tipo de hijos, pues ahora en el mundo sobreabunda el pecado y la maldad.

Es similar al amor de los padres, que se dice, es el amor más sublime y hermoso. Hasta mi madre, quien me amaba mucho, me dijo llorando amargamente: "¡Muérete, y ese será tu deber como hijo!", pues estuve enfermo durante muchos años y nadie tenía esperanza en mi recuperación.

Sin embargo, ¿cómo manifestó el Dios de amor su amor hacia nosotros? No solo nos dio a Su único Hijo y lo dejó morir en la cruz para abrir el camino de la salvación y del Cielo, sino también nos dio Su eterno e inagotable amor.

En mi caso, desde que conocí a Dios, siempre he sentido y advertido Su inefable y abrumador amor, de manera tal que pude entender Su amor desde lo más profundo de mi corazón y crecer rápidamente hasta la plenitud de la fe. Llegué a amarlo por sobre todas las cosas y también a tener la fe que agrada a Dios.

Cómo tener la fe que agrada a Dios

En el Salmo 37:4 Dios nos promete: *"Deléitate asimismo en Jehová, y él te concederá las peticiones de tu corazón"*.

Si agradamos a Dios, Él nos dará no solamente lo que le pidamos, sino también todo cuanto deseemos en nuestro corazón.

Cuando iba a iniciar mi iglesia, tan solo contaba con unos diez dólares. No obstante, cuando oré con fe, Dios me bendijo para alquilar un edificio de casi novecientos metros cuadrados para fundar la iglesia. Dios también le dio a mi iglesia un gran avivamiento y bendiciones en medida llena, apretada, remecida y rebosando, cuando desde el principio oré con una gran visión y un gran sueño para la misión mundial.

Igualmente, todo nos es posible cuando tenemos una fe que agrada a Dios, pues Jesús nos recuerda en Marcos 9:23: *"Si puedes creer, al que cree todo le es posible"*.

Es más, como se menciona en Deuteronomio 28, seremos benditos en el hogar y benditos en el camino, prestaremos a muchos pero no tomaremos prestado de nadie, y el Señor nos pondrá a la cabeza. Más aún, las señales prometidas en Marcos 16 nos acompañarán.

Jesús también nos promete bendiciones inimaginables en Juan 14:12-13. Leamos juntos estos versículos para ver las bendiciones que nos seguirán cuando agrademos a Dios por fe:

"De cierto, de cierto os digo: El que en mí cree, las obras que yo hago, él las hará también; y aun mayores hará, porque yo voy al Padre. Y todo lo que pidiereis al

Padre en mi nombre, lo haré, para que el Padre sea
glorificado en el Hijo ".

Las bendiciones que recibió Enoc

En la Biblia vemos a muchos padres de la fe que agradaron a
Dios. Entre ellos, Enoc. ¿Cómo fue que Enoc, a quien se
menciona en Hebreos 11, agradó a Dios, y qué bendiciones
recibió?

> *"Por la fe Enoc fue traspuesto para no ver muerte, y*
> *no fue hallado, porque lo traspuso Dios; y antes que*
> *fuese traspuesto, tuvo testimonio de haber agradado a*
> *Dios. Pero sin fe es imposible agradar a Dios; porque*
> *es necesario que el que se acerca a Dios crea que le*
> *hay, y que es galardonador de los que le buscan" (vv.*
> *5-6).*

Génesis 5:21-24 describe a Enoc como una persona que
agradó a Dios, pues fue santificado a la edad de sesenta y cinco
años y fue fiel en toda la casa de Dios. Enoc caminó con Dios
durante trescientos años, compartiendo su amor con Él, y no vio
la muerte porque Dios se lo llevó. Ha sido tan abundantemente
bendecido que ahora vive al lado del trono de Dios, gozando al
máximo de Su amor.

Así, es posible ser llevado al Cielo sin ver la muerte si tenemos
la fe que agrada a Dios. El profeta Elías no vio la muerte, sino que
fue arrebatado al Cielo porque dio testimonio del Dios viviente y
salvó a muchas personas, mostrándoles las obras prodigiosas y

sorprendentes del poder, gracias a su fe que agradaba a Dios.

¿Cree que Dios existe y que Él recompensa a los que le buscan? Si tiene esa fe, entonces lo que le corresponde es santificarse completamente; y es más, rendir en forma total su vida para cumplir con los deberes que Dios le ha encomendado.

2. Fe para sacrificar su propia vida

Jesús nos manda en Mateo 22:37-40 lo siguiente: *"Jesús le dijo: Amarás al Señor tu Dios con todo tu corazón, y con toda tu alma, y con toda tu mente. Este es el primero y grande mandamiento. Y el segundo es semejante: Amarás a tu prójimo como a ti mismo. De estos dos mandamientos depende toda la ley y los profetas".*

Tal como Jesús lo dice, las personas que aman a Dios lo complacen, no solamente amando a Dios con todo su corazón, alma y mente, sino también amando a su prójimo como a sí mismos. Podemos llamar a esta fe que agrada a Dios, la "fe de Cristo" o "fe totalmente espiritual" porque esa fe es lo suficientemente firme para rendir nuestras propias vidas sin reservas a Jesucristo.

La fe que sacrificó su vida según la voluntad de Dios

Jesús obedeció completamente la voluntad de Dios. Fue crucificado, llegó a ser las primicias de la resurrección y ahora está sentado al lado del trono de Dios, todo esto porque tuvo la fe necesaria para llegar a sacrificarse completamente, al extremo de entregar Su propia vida yendo más allá de la absoluta y total obediencia. Por lo tanto, Dios da testimonio de Jesús, diciendo: *"Y hubo una voz de los cielos, que decía: Este es mi Hijo amado, en quien tengo complacencia"* (Mateo 3:17; 17:5), y *"He aquí mi siervo, a quien he escogido; mi Amado, en quien se agrada mi alma..."* (Mateo 12:18).

A lo largo de la historia de la iglesia, ha habido muchos padres de la fe que dieron sus vidas sin reservas, como lo hizo Jesús, para cumplir con la voluntad de Dios. Además de Pedro, Santiago y Juan, quienes siguieron a Jesús en todo momento, muchos otros rindieron sus vidas a Jesucristo sin vacilación ni reservas. Pedro murió crucificado cabeza abajo, Santiago fue decapitado, y Juan fue echado en una gran olla de hierro con aceite hirviendo, pero no murió, y fue desterrado a la isla de Patmos.

Muchos cristianos murieron alabando a Dios en el Coliseo Romano, siendo presa de los leones. Muchos otros se mantuvieron firmes en su fe viviendo todas sus vidas en catacumbas, "un cementerio subterráneo", sin ver nunca la luz del sol. A Dios le agradó su fe porque vivieron de acuerdo a lo que dicen las Escrituras: *"Pues si vivimos, para el Señor vivimos; y si morimos, para el Señor morimos. Así pues, sea que vivamos, o que muramos, del Señor somos"* (Romanos 14:8).

En 1992, comencé a sangrar por la nariz debido a que trabajaba en exceso, sin dormir ni descansar lo suficiente. Parecía que casi toda mi sangre se había agotado de mi cuerpo, lo que provocó que rápidamente quedara en condición crítica. Poco a poco fui perdiendo el conocimiento y al final quedé al borde de la muerte.

En ese momento sentí que pronto estaría en los brazos de Jesús, y no tuve intención alguna de recurrir a ningún tratamiento médico. Nunca pensé en ir a un médico para tratar mi hemorragia nasal. No fui al hospital ni confié en ningún remedio terrenal, ni aun estando frente a la muerte, pues creía en mi Padre, el Todopoderoso Dios. Ni mi familia ni los miembros de mi iglesia insistieron en que fuera tratado en un hospital. Todos ellos me conocían muy bien y sabían que siempre encomendaba completamente mi vida a Dios y no al mundo ni a ningún hombre.

Aun cuando estaba inconsciente debido a la incontenible y masiva hemorragia, mi espíritu dio gracias a Dios porque iba a poder recostarme en los brazos de Jesús y descansar en ellos para siempre. Mi única esperanza era encontrar al Señor Jesús.

Sin embargo, Dios me mostró en una visión lo que le pasaría a mi iglesia después de mi muerte. Algunos permanecerían en la iglesia y mantendrían su fe, mientras que muchos otros regresarían al mundo, apartándose de Dios y pecando contra él.

Al ver esto, ya no pude descansar en los brazos de Jesús, sino que le supliqué valerosamente a Dios que me fortaleciera, pues sentía una profunda tristeza por aquellos que volverían al mundo. Luego, con la ayuda de Dios, quien me sanó, me levanté de la cama y me puse de pie inmediatamente, a pesar que estuve casi muerto y pálido como la nieve.

Cuando recuperé el conocimiento, vi a muchos siervos y hermanos de la iglesia llorar de alegría. ¿Cómo no se iban a conmover después de experimentar esa sorprendente y poderosa obra de Dios, de levantar a un muerto?

De esta manera, Dios se complace con aquellos que

demuestran tener fe en tal forma, que rinden aun sus propias vidas sin reservas, y les responde prontamente. Fueron los mártires de la Iglesia Primitiva o neo testamentaria quienes difundieron y esparcieron el evangelio rápidamente por todo el mundo. Incluso en Corea, la sangre de los mártires ha contribuido a que el evangelio se haya difundido rápidamente.

Fe para obedecer toda la voluntad de Dios

En 1 Tesalonicenses 5:23 dice: *"Y el mismo Dios de paz os santifique por completo; y todo vuestro ser, espíritu, alma y cuerpo, sea guardado irreprensible para la venida de nuestro Señor Jesucristo".*

Aquí "todo vuestro ser" se refiere a cuando se llega a alcanzar completamente el corazón de Jesucristo.

Una persona de espíritu íntegro es quien vive solamente de acuerdo con la voluntad de Dios, pues puede escuchar siempre la voz del Espíritu Santo y su corazón se vuelve uno con la verdad, pues entiende plenamente la Palabra de Dios. Pueden llegar a ser espirituales y tener la actitud de Jesús cuando estén completamente santificados desechando toda maldad y luchando contra el pecado que se encuentra dentro de ustedes.

Más aún, cuando un hombre espiritual se mantiene constantemente armado con la Palabra de Dios, la verdad gobernará por completo, no solamente su corazón, sino también toda su vida.

Podemos llamar a este tipo de fe "fe total" o "la fe perfectamente espiritual de Jesucristo". Pueden alcanzar este tipo de fe cuando tienen un corazón sincero, como se describe en

Hebreos 10:22: *"Acerquémonos con corazón sincero, en plena certidumbre de fe, purificados los corazones de mala conciencia, y lavados los cuerpos con agua pura"*.

Sin embargo, esto no significa que lleguemos a ser iguales a Jesucristo, aun cuando tuviéramos la actitud de Jesús y la fe de Cristo. Consideremos el caso de un hijo que respeta muchísimo a su padre y trata de parecerse a él. Es posible que su carácter o su personalidad se parezcan a los de su padre, pero nunca será su padre.

De la misma manera, nunca seremos iguales a Jesucristo. Él estableció un orden espiritual en Mateo 10:24-25: *"El discípulo no es más que su maestro, ni el siervo más que su señor. Bástale al discípulo ser como su maestro, y al siervo como su señor. Si al padre de familia llamaron Beelzebú, ¿cuánto más a los de su casa?"*

¿Qué podemos decir de la relación entre Moisés, quien sacó a los israelitas de Egipto, y Josué, quien sucedió a Moisés e introdujo a su pueblo a Canaán? Moisés dividió el mar e hizo brotar agua de la roca, pero Josué no fue inferior que Moisés haciendo los milagros de Dios: hizo que el caudal del río Jordán se detuviera en su época de desborde, derribó los muros de Jericó, y detuvo casi un día completo el sol y la luna. Sin embargo, Josué no podía ser superior que Moisés, quien había hablado cara a cara con Dios y no mediante figuras.

En este mundo, un estudiante puede ser superior a su maestro, pero eso es imposible en el ámbito espiritual. Esto es así porque el reino o el dominio espiritual solo son comprensibles con la ayuda de Dios y no mediante la lectura de unos cuántos libros o por el conocimiento secular o mundano. Por lo tanto, alguien que es instruido espiritualmente por un maestro espiritual no será superior a su maestro, quien comprende y hace cosas en la gracia de Dios.

En la Biblia, Eliseo recibió una doble porción del espíritu de Elías y realizó más milagros, pero fue inferior que Elías, quien fue llevado al Cielo en vida. También en los días de la iglesia primitiva, Timoteo hizo muchas cosas para el Señor Jesús, pero no pudo ser superior a su maestro, el apóstol Pablo.

Como no hay límite en el mundo espiritual, nadie puede concebir totalmente su profundidad. Esa es la razón por la que solo podemos conocerla a través de la instrucción y enseñanza de Dios, y no por nosotros mismos. Es lo mismo con el hecho que no conocemos la profundidad del océano ni qué tipos de plantas y mamíferos viven en el fondo del mar. Aun así, veríamos muchos peces y plantas de vivos colores al ir a las profundidades del océano. Más aún, veríamos tantos misterios del océano como quisiéramos al sumergirnos más y más. De igual manera, mientras más nos adentramos en el reino espiritual, más aprenderemos de él.

Dios mismo nos enseñará y hará que comprendamos el reino espiritual para que así podamos alcanzar el nivel más profundo del dominio espiritual. También hará que experimentemos y vivamos el mismo reino espiritual. Él, de esta manera, me ha guiado y enseñado la medida de la fe en detalles y me usa para llevar a más personas para que lleguen a alcanzar este nivel de profundidad del ámbito espiritual. Sabiendo y conociendo esto, ustedes deben examinarse a sí mismos con más cuidado y procurar alcanzar una mayor madurez espiritual.

3. Fe para manifestar maravillas y señales

Si llegan a tener una fe perfecta conforme a la verdad, se irá arraigando plenamente en sus corazones, orarán cada día más y más, mientras luchan y se esfuerzan para vivir de acuerdo con la voluntad de Dios. Esto es así porque se debe recibir poder para salvar al mayor número de almas, cada una de las cuales Dios valora más preciosa que todo el universo.

¿Por qué fue Jesús crucificado? Él quería salvar a las almas perdidas que vagaban por la senda del pecado y hacerlos hijos de Dios.

¿Por qué Jesús dijo: *"Tengo sed",* cuando colgaba de la cruz derramando Su sangre durante horas bajo el ardiente sol? Con estas palabras, Jesús no nos pidió que calmáramos Su sed física provocada por el derramamiento de toda Su sangre, sino que calmáramos Su sed espiritual pagando el precio de Su sangre. Era una fervorosa invocación para que salvemos a las almas perdidas y las llevemos a los brazos de Jesús.

Salvando a multitud de personas con poder

Cuando uno alcanza el quinto nivel de fe en el cual agrada a Dios, considera seriamente: "¿Cómo puedo llevar a multitud de personas a los brazos del Padre? ¿Cómo puedo extender el Reino de Dios y Su justicia?", y en verdad hace lo mejor que puede para lograrlo. Por tanto, procura agradar a Dios asumiendo otras responsabilidades, además de cumplir plenamente con los deberes que Dios mismo le ha encomendado.

Sin embargo, ni siquiera un creyente tan dedicado puede

complacer a Dios sin recibir poder porque, como se nos recuerda en 1 Corintios 4:20: *"Porque el reino de Dios no consiste en palabras, sino en poder"*.

¿Cómo podemos recibir el poder necesario para conducir a infinidad de personas al camino de la salvación? Solo lo puede recibir orando sin cesar. Esto es, porque salvar almas no se logra con palabras, con conocimiento, con experiencia, con reputación, ni autoridad humana, sino solamente con el poder dado por Dios.

Por lo tanto, quienes están en el quinto nivel de fe deben perseverar orando fervientemente para recibir el poder con el cual podrán salvar tantas almas como les sea posible.

El reino de Dios es una cuestión de Poder

Una vez conocí a un pastor que no solo era bondadoso en su corazón sino que procuraba cumplir con todos sus deberes, y oraba para poder vivir conforme a la Palabra de Dios, pero no llevaba tanto fruto como él esperaba. ¿Cuál era la razón? Si en realidad hubiera amado a Dios, habría rendido toda su mente, su voluntad, su vida y hasta su sabiduría completamente a Dios, pero no lo había hecho. Debería haberse dado cuenta que él mismo seguía siendo el señor de su vida, en lugar de permitir que Dios lo guiara.

Dios no podía obrar en él porque ese pastor no dependía completamente de Dios para cumplir con sus deberes, sino que dependía de su propio conocimiento y su propia forma de pensar. Por tanto, no podía manifestar las obras de Dios que van más allá de la capacidad humana, aunque veía el resultado de su esfuerzo.

Por eso, tienen que orar, escuchar la voz del Espíritu Santo, y ser dirigidos por el Espíritu, en lugar de confiar en el pensamiento, conocimiento, y experiencia humana cuando están en el ministerio de Dios. Solamente cuando llegan a ser hombres veraces e íntegros y están completamente controlados y guiados por el Espíritu Santo, experimentarán las obras milagrosas que se manifiestan con Su poder que viene de lo Alto.

Sin embargo, cuando confía en razonamientos, conceptos y teorías humanas, aun cuando piense que conoce la Palabra de Dios, ore, y se esfuerce para cumplir con sus deberes, Dios no estará con usted porque tal actitud es arrogante ante los ojos de Dios. Por lo tanto, debe desechar completamente su naturaleza pecaminosa, orar con fervor para ser una persona totalmente espiritual, y pedir el poder de Dios, y ahí se dará cuenta por qué el apóstol Pablo confesaba "cada día muero".

Si oramos inspirados por el Espíritu Santo

Todos los que han aceptado al Señor Jesús deben orar porque orar es la respiración espiritual. No obstante, la esencia de la oración es diferente en cada nivel de fe. Quien está en el primer o segundo nivel de fe ora principalmente por sí mismo pero apenas puede orar por diez minutos porque no hay muchas cosas por las que orar.

Además, no ora con fe de lo profundo de su corazón aun cuando ora por el Reino y la justicia de Dios. Sin embargo, cuando entra al tercer nivel de fe, puede orar por el Reino de Dios y Su justicia, yendo más allá de tan solo pedir para sí mismo.

Por otra parte, ¿cómo orará una vez que haya entrado al cuarto nivel? En este nivel, ora solamente por el Reino y la justicia de Dios, pues ha desechado completamente las acciones y los deseos de la naturaleza pecaminosa.

No necesita orar para librarse de sus pecados porque ya vive de acuerdo a la Palabra de Dios. Le pide a Dios otras cosas, además de su propia familia y por sí mismo: Pide por la salvación de más almas, por la extensión del Reino y la justicia de Dios, y por su iglesia, por los ministros y siervos de la iglesia, y por todos los hermanos y hermanas en la fe. Ora constantemente porque sabe muy bien que no puede salvar ni siquiera un alma sin recibir el poder de Dios que viene de lo Alto. También ora ardientemente con todo su corazón, alma, mente y fuerza por el Reino y la justicia de Dios.

Más aún, si alcanza el quinto nivel de fe, ofrecerá una oración que será de completo agrado a Dios, y una oración de acción de gracias que podrá incluso conmover a Dios en Su trono.

En el pasado, le hubiera tomado mucho tiempo orar en la llenura del Espíritu, pero ahora puede sentir que su oración asciende al Cielo con la inspiración del Espíritu Santo desde el mismo momento en que se arrodilla para orar.

Cuando ora es difícil desechar sus pecados. Pero no le resultará complicado si ora con fe para recibir el poder de Dios para salvar a los pecadores y para agradar a Dios, y con un ardiente amor por el Señor.

Mostrando señales milagrosas

Muchas señales y maravillas milagrosas se manifiestan a través de un creyente que persevera orando con amor, fervor y devoción para recibir el poder de Dios. Esto confirma que tiene una fe que agrada a Dios.

Jesús realizó numerosas señales milagrosas y prodigios durante Su ministerio, e incluso llegó a decir en Juan 4:48: "...Si no viereis señales y prodigios, no creeréis". Esto es porque Jesús podía fácilmente hacer que la gente tuviera fe en Dios al dar testimonio del Dios viviente mostrándoles señales milagrosas y maravillas.

En la actualidad, Dios también escoge a las personas adecuadas y les permite realizar señales y milagros, e incluso mayores que las que hizo Jesús (Juan 14:12). Tan solo en mi iglesia, se han manifestado innumerables señales, milagros y maravillas.

Examinemos ahora las señales y maravillas manifestadas a través de quienes tienen una fe que agrada a Dios.

Primero: Decimos que es "una señal" cuando el poder de Dios, que está por encima de toda capacidad humana, actúa y se manifiesta. Por ejemplo, el ciego ve, el mudo habla, el sordo oye, el paralítico camina, la pierna corta se alarga, la espalda encorvada se endereza, y la parálisis infantil o la parálisis cerebral desaparece.

Sobre las señales, Jesús nos dice en Marcos 16:17-18:

"Y estas señales seguirán a los que creen: En mi

nombre echarán fuera demonios; hablarán nuevas lenguas; tomarán en las manos serpientes, y si bebieren cosa mortífera, no les hará daño; sobre los enfermos pondrán sus manos, y sanarán".

Aquí, "los que creen" son las personas que tienen la fe de un padre o de un adulto. Las señales que acompañan a "los que creen" se pueden clasificar en cinco categorías, sobre las cuales disertaré en profundidad en el siguiente capítulo.

Segundo: Entre las numerosas obras de Dios, se habla de "una maravilla" cuando uno cambia el clima, lo que implica mover nubes, hacer que de los cielos caiga lluvia o deje de llover, mover cuerpos celestes, y otras cosas similares.

De acuerdo con la Biblia, Dios envió truenos y lluvia cuando Samuel oró (1 Samuel 12:18). Cuando el profeta Isaías invocó a Dios, sabemos que *"(Jehová)…hizo volver la sombra por los grados que había descendido en el reloj de Acaz, diez grados atrás"* (2 Reyes 20:11). Asimismo, Elías *"…oró fervientemente para que no lloviese, y no llovió sobre la tierra por tres años y seis meses. Y otra vez oró, y el cielo dio lluvia y la tierra produjo su fruto"* (Santiago 5:17-18).

Asimismo, el Dios de amor encamina y guía a las personas al camino de la salvación mostrándoles señales milagrosas y maravillas tangibles a través de individuos que Él considera apropiados. Por tanto, debe creer firmemente en la Palabra de Dios escrita en la Biblia y procurar alcanzar la fe que agrada a Dios.

4. Ser fiel en toda la casa de Dios

Las personas que están en el primer o segundo nivel de fe pueden ir temporalmente al quinto nivel de fe. Esto es así porque cuando reciben el Espíritu Santo por primera vez, son tan llenos del Espíritu que no temen ni siquiera a la muerte, sino que están llenos de agradecimiento, oran diligentemente, proclaman el evangelio, y asisten a todas las reuniones de la iglesia. Reciben cuanto piden, pues están en el cuarto o quinto nivel de fe aun cuando tal experiencia sea temporal. Cuando pierden la llenura del Espíritu Santo, regresan pronto a su propio nivel de fe.

No obstante, los que están en el quinto nivel de fe nunca cambian. Ya que están siempre llenos del Espíritu Santo por completo, pueden perfectamente controlar y dominar su mente, y no vivir como las personas que están en el primer o segundo nivel de fe. Además, agradan a Dios siendo fieles en toda Su casa.

Acerca de Moisés, Números 12:3 nos dice que: *"...era muy manso, más que todos los hombres que había sobre la tierra"*, y el versículo siete afirma: *"No así a mi siervo Moisés; que es fiel en toda mi casa"*.

Por esto sabemos que Moisés estaba en el quinto nivel de fe en el cual podía agradar a Dios.

¿Qué significa "ser fiel en toda la casa de Dios"? ¿Por qué reconoce Dios solamente a quienes son fieles en toda Su casa, al igual que Moisés, como aquellos que tienen la fe que le agrada?

Significado de la fidelidad en toda la casa de Dios

Quien es "fiel en toda la casa de Dios", tiene la fe de Cristo, o una "fe totalmente espiritual", hace todo con la actitud de Jesucristo. Hace todo con el corazón de Cristo y con el corazón del Espíritu, sin confiar en sus pensamientos ni en su mente.

Como ha alcanzado una mente de bondad, la mente de Cristo, no contenderá, ni voceará; la caña cascada no quebrará, y el pábilo que humea no apagará (Mateo 12:19-20). Un creyente que es así, ha crucificado su naturaleza pecaminosa junto con sus pasiones y deseos, de manera que puede ser fiel en todos sus deberes.

Tampoco le queda nada de su "yo" dentro de sí, sino solamente el corazón de Cristo, el corazón del Espíritu, porque ha desechado todas las cosas carnales. No se preocupa por el honor, ni por el poder, ni por las riquezas del mundo.

Todo lo contrario, su corazón rebosa por la esperanza de las cosas eternas: ¿Cómo podría llevar a cabo el Reino de Dios y Su justicia mientras viva en este mundo? ¿Cómo podría llegar a ser grande en el Cielo y ser amado por Dios Padre? y ¿Cómo podría vivir eternamente feliz acumulando grandes tesoros en el Cielo? En consecuencia, podrá ser fiel en todas sus obligaciones y deberes porque de lo profundo de su corazón solo brota pasión y sinceridad para alcanzar el Reino de Dios y Su justicia.

Hay diferencias en la medida de la devoción de las personas que alcanzan el Reino de Dios y Su justicia. Si solamente realiza la tarea que le ha sido encomendada, solo está cumpliendo con su responsabilidad personal.

Por ejemplo, si contratamos a alguien, le damos un sueldo, y hace el trabajo para el cual se le ha contratado y por el cual se le paga, no decimos que ha sido "fiel en toda la casa", incluso si hace bien su trabajo. "Ser fiel en toda la casa" quiere decir que la persona no solamente cumple con la tarea que le ha sido asignada, sino que hace mucho más, sin escatimar sus posesiones materiales, y además lo hace con sinceridad, yendo mucho más allá que tan solo terminar con la tarea que se le había encomendado.

Por lo tanto no podemos ser reconocidos como personas "fieles en toda la casa de Dios" aunque hayamos desechado todo pecado y luchemos contra ellos al extremo de derramar nuestra propia sangre por amor a Dios, y hayamos cumplido plenamente con nuestros deberes con un corazón santificado. Podemos ser reconocidos como "fieles en toda la casa de Dios" solamente cuando estamos completamente santificados y cumplimos con nuestros deberes de manera que vamos más allá de nuestras responsabilidades con la fe de Cristo, el cual fue obediente hasta la muerte.

Ser fiel en toda la casa de Dios

Usted se encuentra en el cuarto nivel de fe cuando ama a Jesucristo en grado sumo y posee amor espiritual como el que se describe en 1 Corintios 13, y manifiesta el fruto del Espíritu Santo como se indica en el quinto capítulo de Gálatas. Además de esto, puede alcanzar la fe que agrada a Dios cuando cumple a cabalidad las Bienaventuranzas de Mateo 5 y es fiel en toda la casa de Dios. ¿Por qué es esto así?

Hay una diferencia entre el amor como fruto del Espíritu Santo y el amor definido en 1 Corintios 13. El amor en 1 Corintios 13 es la definición de amor espiritual, mientras que el amor como fruto del Espíritu Santo se refiere al amor infinito que da cumplimiento a la ley.

Por lo tanto, el amor como fruto del Espíritu Santo cubre una gama más amplia que el amor descrito en 1 Corintios 13. En otras palabras, si se suma o se añade el sacrificio de Jesucristo, quien cumplió la ley con amor en la cruz, al amor de 1 Corintios 13, el resultado de esto se puede llamar "amor como fruto del Espíritu Santo".

El gozo que viene de lo Alto nos da alegría y paz espiritual porque las cosas carnales que habitan en nosotros desaparecen conforme nuestro amor espiritual va madurando. Es lógico que se llene de gozo cuando tiene abundancia solo de cosas buenas porque ve, oye y piensa solamente en cosas buenas.

No odiará a nadie porque no habrá odio en usted. Rebosará y estará lleno de gozo porque deseará hacer todo lo contrario: servir a los demás, darles cosas buenas, y sacrificarse por ellos. Aunque viva en este mundo, no buscará las cosas materiales para satisfacer su propio interés; al contrario, estará lleno de esperanza espiritual, pensando en cómo puede extender el reino de Dios y Su justicia, y agradándole a Él al llevar a más personas hacia la salvación. Podrá vivir en paz con su prójimo, porque disfrutará de verdadera felicidad y tendrá la consciencia tranquila y en paz para cuidar de ellos, pues cuanto más lo haga, más gozo vendrá sobre usted.

Más aún, podrá ser paciente con la esperanza del Cielo solo en la medida en que esté en paz con los demás. Podrá ser bondadoso con los demás y tener compasión por ellos solo en la medida que sea paciente. Logrará alcanzar la bondad porque no contenderá, ni voceará; no quebrará la caña cascada, y no apagará el pábilo que humea, si tiene buen corazón y compasión.

Las personas bondadosas pueden ser espiritualmente fieles porque ya han desechado el egoísmo de sí mismas.

Además, la medida de lealtad y devoción es diferente entre los que son fieles, de acuerdo al tipo de terreno del corazón de cada uno. Mientras más bondad, amabilidad y gentileza tenga, mayor será la medida de fidelidad que alcanzará. Podrá ver en qué medida alguien es amable, tierno y bondadoso si es fiel en toda la casa de Dios. Si cumple fielmente con todos sus deberes en su casa y en su trabajo, en su interrelación con los demás, y en la iglesia. De este modo, Moisés, quien era el hombre más humilde y manso sobre la faz de la tierra, pudo ser fiel en cada tarea que le fue encomendada.

Además, ¿cómo puede llegar a ser perfecto sin dominio propio? Debe ser fiel en toda la casa de Dios teniendo dominio propio porque no es posible tener armonía y equilibrio en todas las áreas sin dominio propio. Por lo tanto, no podrá ser fiel en toda la casa de Dios sin el fruto del dominio propio, aun cuando manifieste los ocho frutos restantes del Espíritu Santo.

Por ejemplo, digamos que tiene que encontrarse con un amigo en otro lugar después de la reunión de su célula. Sería muy desconsiderado con su amigo si se demorara o le avisara por teléfono que llegará tarde a la cita, no porque la reunión de la célula se tardó más de lo esperado, sino porque se quedó después de la reunión a charlar con los miembros del grupo. Del mismo modo, ¿cómo puede ser fiel en toda la casa de Dios si no puede mantener una pequeña promesa o cumplir con un compromiso como éste, porque no tiene el fruto de dominio propio? Debe darse cuenta que será fiel en toda la casa de Dios solamente cuando su vida esté en armonía y en equilibrio con el fruto de dominio propio.

El amor espiritual, el fruto del Espíritu y las Bienaventuranzas

Las bienaventuranzas vienen sobre uno en la medida en que se tiene amor espiritual y en que se pone en práctica los frutos del Espíritu Santo. Las bienaventuranzas hablan de nuestro carácter como una vasija o un vaso; y uno puede ser perfectamente fiel en toda la casa de Dios solamente cuando las bienaventuranzas vengan completamente sobre uno, al actuar y vivir lo que se cultiva en el corazón.

A lo largo de la historia de Corea, hubo fieles consejeros reales que asumieron cada asunto del gobierno como si fueran sus propios asuntos personales. De esta manera, los consejeros podían servir a sus reyes y ayudarles a tomar las decisiones correctas, aun cuando a veces esto implicaba un gran sufrimiento personal o incluso la muerte. Ellos no solamente amaban a sus reyes, sino que amaban a todo su país como a sí mismos, y actuaban consecuentemente.

Por un lado, estos leales consejeros también servían al rey hasta el final, incluso arriesgando sus propias vidas. Pero, por otro lado, existían consejeros que aparentemente eran leales, pero renunciaban y se retiraban a vivir como ermitaños cuando el rey no seguía los consejos y recomendaciones que ellos le habían dado de manera sincera y reiterada. Sin embargo, los consejeros y súbditos verdaderamente leales no actuaban así. Eran leales al rey hasta el final, aun cuando el rey los ignoraba y rechazaba su consejo. Su rey podía rechazarlos, rechazar su consejo, o deshonrarlos sin motivo alguno. Aun así, no guardaban rencor contra el rey y no cambiaban de opinión aun cuando fueran a perder sus vidas.

El carácter como vasija y el carácter del corazón de cada uno

A fin de entender claramente lo que significa ser "fiel en toda la casa de Dios", examinemos primero el carácter de uno como vasija y el carácter del corazón de cada uno.

La medida del carácter como vasija es diferente para cada persona, dependiendo de cuánto cultive esa persona su corazón para hacerlo bueno, o en qué medida cambie su corazón por uno gentil y compasivo. Por lo tanto, el carácter de uno como vasija está determinado por su capacidad de hacer lo que se le dice u obedecer lo que se le indica.

¿Cuál es, entonces, el factor que marca la diferencia en el carácter de uno, considerándolo como vasija? Depende de cómo y con qué tipo de corazón reaccione ante la Palabra de Dios y en qué medida ponga en práctica lo que valora y aprecia en su corazón. Por lo tanto, si es una buena vasija atesorará la Palabra de Dios y meditará en ella en su corazón, como lo hacía María: *"Pero María guardaba todas estas cosas, meditándolas en su corazón"* (Lucas 2:19).

El carácter del corazón varía dependiendo de la forma cómo ensancha o abre su mente, o si la usa de manera total y completa, para cumplir con sus deberes y obligaciones. Por medio de un ejemplo de las diversas maneras en que la gente responde a una misma situación, clasificaré en cuatro categorías las acciones de diversas personas, producto de los diferentes caracteres de sus corazones.

La primera persona hace más de lo que le piden. Por ejemplo, cuando los padres le dicen a su hijo que recoja la basura que está regada en el piso; el niño no solo limpia el piso sino que también limpia el polvo, ordena todos los rincones de la habitación, y vacía el tacho de basura. Este niño alegra y complace a sus padres porque hace más de lo que esperaban. ¿Cuánto le amarán sus padres? Los diáconos Esteban y Felipe eran ese tipo de personas. Fueron hombres de mente amplia y abierta, y por eso pudieron realizar grandes maravillas y señales milagrosas, al igual que los apóstoles (Hechos 6).

La segunda persona hace solo lo que se le ordena. Por ejemplo, si un niño solo se limita a recoger la basura que está en el piso como sus padres se lo ordenaron, sus padres lo amarán porque él obedeció, pero quizás no llegue a complacerlos plenamente.

La tercera persona no hace lo que debe hacer. Tiene un corazón tan frío y apático que se molesta hasta por el solo hecho de que alguien le pida que haga algo. Tales personas, que dicen amar a Dios pero que no oran ni cuidan de las ovejas de Jesús, pertenecen a este grupo. En una de las parábolas de Jesús, el sacerdote y el levita que pasaron de largo por el camino al lado de un hombre que había sido asaltado, también pertenecen a este grupo (Lucas 10). Como estas personas no tienen amor, pueden hacer lo que Dios más aborrece, como ser arrogantes, cometer adulterio, y traicionarlo.

La última clase de persona hace que las cosas empeoren y, en realidad, impide que una tarea o labor se lleve a cabo. En principio, hubiera sido mejor que ni siquiera empezara la tarea. Si un niño que rompe un florero se enoja con sus padres porque le dicen que recoja los pedazos de vidrio del suelo, ese niño pertenece a este grupo.

Un corazón generoso y fiel en toda la casa de Dios

Como expliqué en las cuatro categorías del carácter, se puede reconocer si la capacidad de la vasija de uno es grande cuando cumple con su deber más allá de lo que se espera. Es así porque la capacidad de uno como vasija, depende de cuánto abra su mente con esperanza y con cuánta sinceridad lucha. Es lo mismo cuando hace algo en la iglesia, en el trabajo o en la casa.

Por lo tanto, cuando se le encomienda cierta tarea y obedece diciendo "Amén," se puede considerar que tiene una vasija grande. Se le puede reconocer como poseedor de un corazón generoso cuando no solamente obedece lo que se le ordena, sino cuando lo cumple yendo más allá de lo esperado con sinceridad y tolerancia. En este sentido, ser fiel en toda la casa de Dios está relacionado con la magnitud o medida de la generosidad. La sinceridad varía de acuerdo a la magnitud de la generosidad.

Examinemos algunas personas que habían sido fieles en toda la casa de Dios. En Números 12:7-8 nos damos cuenta cuánto amaba Dios a Moisés, quien era fiel en toda Su casa. Estos versículos nos dicen lo importante que es ser fiel en toda la casa de Dios.

"No así a mi siervo Moisés, que es fiel en toda mi casa. Cara a cara hablaré con él, y claramente, y no

por figuras; y verá la apariencia de Jehová. ¿Por qué, pues, no tuvisteis temor de hablar contra mi siervo Moisés?"

Moisés no solamente tenía un amor constante e invariable y un corazón inmutable para con Dios, sino que también tenía la misma actitud para con su pueblo y su familia, y cumplía con sus deberes sin jamás cambiar de opinión ni de intención. Siempre escogía, en primer lugar, las cosas eternas de Dios, no su propia gloria ni riqueza, y buscaba agradarle con fe. Era tan leal que incluso le pidió a Dios salvar a su pueblo a riesgo de perder su propia vida cuando los israelitas pecaron.

¿Cómo respondió Moisés cuando el pueblo hizo una imagen de un becerro de oro y lo adoró, al regresar con las tablas de los Diez Mandamientos dados por Dios después de haber ayunado por cuarenta días? La mayoría de la gente, en esa situación, habría dicho: "No puedo soportarlos más, ¡Dios, por favor, haz lo que quieras!"

Sin embargo, Moisés rogó a Dios que les perdonara sus pecados. Estaba listo y dispuesto a sacrificar su vida, como prenda de garantía, de todo corazón, con un inmenso y abundante amor hacia ellos.

Lo mismo sucedió con Abraham, el padre de la fe. Cuando Dios decidió destruir las ciudades de Sodoma y Gomorra, Abraham no pensó que esto no tenía nada que ver con él. Por el contrario, Abraham suplicó a Dios que salvara a la gente de Sodoma y Gomorra: *"Quizá haya cincuenta justos dentro de la ciudad: ¿destruirás también y no perdonarás al lugar por amor a los cincuenta justos que estén dentro de él?"* (Génesis

18:24).

Luego pidió a Dios que por Su misericordia no destruyera aquellas ciudades si hubiera dentro de ellas cuarenta y cinco personas justas y, a su vez, le siguió preguntando qué pasaría si el número de los justos fuera cuarenta, treinta, veinte o diez. Finalmente, Abraham recibió la respuesta definitiva de Dios: *"...No la destruiré, respondió, por amor a los diez"* (Génesis 18:22-32). Sin embargo, las dos ciudades fueron arrasadas porque no había ni siquiera diez personas justas en ellas.

Además de lo anterior, Abraham renunció, a favor de su sobrino Lot, a su derecho de escoger las mejores tierras cuando el territorio donde habían estado viviendo ya no podía sostenerlos, porque sus posesiones se hicieron en extremo cuantiosas. Lot escogió para sí toda la llanura que le parecía ser la mejor y se estableció allí.

Tiempo después, Sodoma y Gomorra fueron derrotadas en una guerra y mucho pueblo fue hecho cautivo, entre ellos Lot, sobrino de Abraham. Entonces, arriesgando su propia vida, Abraham persiguió al enemigo con trescientos dieciocho de sus sirvientes, rescató a Lot y a otros cautivos y recuperaron sus posesiones.

En esa oportunidad, el rey de Sodoma saludó a Abraham y le dijo: *"Dame las personas, y toma para ti los bienes",* pero Abraham no tomó nada del botín, diciendo: *"...un hilo hasta una correa de calzado, nada tomaré de todo lo que es tuyo".*

Y como es sabido, Abraham devolvió todas las cosas al rey de Sodoma (Génesis 14:1-24).

Igualmente, Abraham tenía una actitud leal e inalterable cuando conocía o se relacionaba con alguien, sin dañar ni molestar a nadie. No solo consolaba y tranquilizaba a la gente y les daba alegría y esperanza, sino que también los amaba y servía con sinceridad.

Cómo ser fiel en toda la casa de Dios

Moisés y Abraham fueron hombres de gran generosidad y eran sinceros, perfectos y veraces, y no descuidaban nada. ¿Qué debemos hacer para ser fieles en toda la casa de Dios?

En primer lugar, debe someter todo a prueba y aferrarse; retener lo bueno sin apagar el fuego del Espíritu ni menospreciar las profecías. En otras palabras debe ver, oír y pensar lo bueno, hablar la verdad e ir solamente a buenos lugares.

En segundo lugar, debe negarse y sacrificarse a sí mismo con amor espiritual por el Reino de Dios y Su justicia. Para esto, debe crucificar la naturaleza pecaminosa con sus pasiones y deseos. Ser capaz de determinar cuál debe ser la prioridad en su vida y hacer lo que le agrada a Dios; es decir, cuánto desea las cosas espirituales y no está atado por las de este mundo.

Debe luchar tenazmente para poseer la fe para amar a Dios en grado sumo si ya está parado sobre la roca de la fe. Si ya tiene la fe para amar a Dios en grado sumo, entonces necesita entrar rápidamente a la dimensión en la cual podrá agradar a Dios, siéndole fiel en toda Su casa.

Tener la fe que agrada a Dios es comparable a graduarse de la universidad o de una escuela superior. Después de la graduación, se incorpora a la sociedad y puede aplicar lo que ha aprendido en la universidad para tener éxito en este mundo.

Igualmente, cuando alcanza el cuarto nivel de fe, un reino o ámbito espiritual más profundo se revelará ante usted, pues el reino espiritual es infinitamente grande en profundidad, longitud y altura.

Cuando ingresamos al quinto nivel de fe, llegamos a entender en cierta medida la profundidad y generosidad del corazón de Dios. Podrá entender cuánto amor tiene Dios, y lo lleno de amor, misericordia, perdón, compasión y bondad que Él está. También podrá experimentar Su gran amor, pues sentirá que el Señor está caminando con usted y se quebrantará con lágrimas al solo pensar en Él.

Por tanto, debemos llegar a ser personas de gran generosidad y de mayor obediencia, devoción y amor, sabiendo que hay una gran diferencia entre el cuarto y el quinto nivel de fe en términos de amor espiritual y de sacrificio. Espero además que, al tener la clase de fe que agrada a Dios, usted reciba todo de Dios y que sea lo suficientemente bendecido como para mostrar y realizar señales y maravillas por medio de la oración constante y perseverante.

¡Ruego en el nombre de Jesucristo que pueda disfrutar de todas estas bendiciones que Dios ha preparado para usted!

Capítulo 9

LAS SEÑALES QUE SEGUIRÁN A LOS QUE CREEN

LA MEDIDA DE FE

"Y estas señales seguirán a los que creen:
En mi nombre echarán fuera demonios; hablarán nuevas lenguas;
tomarán en las manos serpientes, y si bebieren cosa mortífera,
no les hará daño; sobre los enfermos pondrán sus manos, y sanarán".

(Marcos 16:17-18)

En la Biblia encontramos a Jesús haciendo muchas señales. Las señales son efectuadas por el poder de Dios y van más allá del límite de la capacidad y de la comprensión del ser humano. ¿Cuál fue la primera señal hecha por Jesús?

Fue cambiar el agua en vino en el banquete de las bodas de Caná de Galilea, como se describe en Juan 2:1-11. Cuando Jesús supo que el vino se había acabado, hizo que los sirvientes llenaran seis tinajas de piedra con agua hasta el borde. Entonces sacaron un poco y lo llevaron al maestresala, y luego que éste lo probó, elogió el vino por su buen gusto.

¿Por qué Jesús, el Hijo de Dios, hizo que el agua se transformara en vino como primera señal en Su ministerio? Este hecho tiene muchas implicaciones espirituales. Caná de Galilea representa el mundo; y el banquete de la boda representa los últimos tiempos, en los que la gente comerá hasta reventar, se emborrachará, y se corromperá totalmente de maldad (Mateo 24:37-38). El agua se refiere a la Palabra de Dios y el vino a la preciosa sangre de Jesucristo.

Por lo tanto, la señal de cambiar el agua en vino indica que la sangre de Jesús en Su crucifixión sería la sangre que daría a la humanidad vida eterna. Los invitados elogiaron el vino por su buen sabor. Esto significa que las personas reciben con gozo el perdón de sus pecados al beber la sangre de Jesús y obtener la esperanza del Cielo.

Empezando con esta primera señal, Jesús hizo muchas señales maravillosas. Salvó a un niño que estaba a punto de morir, hizo el milagro de alimentar a cinco mil hombres con cinco panes y dos peces, echó fuera demonios, hizo ver a un ciego, e hizo que Lázaro volviera a vivir luego de haber estado muerto por cuatro días.

¿Cuál fue entonces el propósito primordial de Jesús al realizar estas señales? Era el de salvar almas y hacer que tuvieran fe como nos dijo en Juan 4:48: *"Si no viereis señales y prodigios, no creeréis"*.

Por eso, incluso hoy, Dios, quien considera a un alma más preciosa que todo el universo, nos muestra muchas señales por medio de aquellos que tienen la fe necesaria para entregar sus vidas para la salvación de más personas.

Ahora veamos en detalle las diversas señales que siguen a aquellos que tienen la fe que agrada a Dios.

1. Echarán fuera demonios

La Biblia claramente nos habla de la existencia de los demonios, aunque mucha gente en este tiempo argumenta que los demonios no existen. Un demonio es una clase de espíritu maligno que se opone a Dios. En general, engaña a la gente que adora ídolos causándoles grandes dificultades, y haciéndolos servir y adorar más rápida y devotamente a estos ídolos.

Sin embargo, si tiene una fe verdadera debe echarlo fuera y tenerlo bajo su dominio, porque Jesús nos dice: "Y estas señales seguirán a los que creen: en mi nombre echarán fuera demonios..."

También encontramos en Juan 1:12: *"Mas a todos los que le recibieron, a los que creen en su nombre, les dio potestad de ser hechos hijos de Dios"*. ¡Qué vergonzoso sería si usted, como hijo de Dios, tiene miedo al diablo o se deja dominar por sus engaños!

A veces, los nuevos creyentes sin fe espiritual, son obstaculizados por los demonios cuando van a la montaña de oración a orar en privacidad. Algunos podrían incluso ser poseídos por demonios porque piden los dones y el poder de Dios sin procurar despojarse de su maldad.

Los nuevos creyentes, por lo tanto, deberían estar acompañados de líderes maduros espiritualmente, que puedan echar fuera demonios en el nombre de Jesucristo, cuando quieran ir al monte de oración, y entonces podrán orar sin ningún obstáculo.

Echar fuera demonios en el nombre de Jesucristo

Es lo mismo, tanto para los ministros como para los hermanos, cuando van a visitar a otros miembros de la iglesia. Primero deberían echar fuera demonios discerniendo las cosas espirituales, y entonces los que son visitados podrán abrir sus corazones, y recibir la gracia de Dios y obtener la fe necesaria al escuchar el mensaje. Sin embargo, la visita podría ser perturbada si no echa fuera primero a Satanás. El hermano a quien visita podría no abrir su corazón, lo que impediría que recibiera la gracia y que tuviera fe. El que tiene los ojos espirituales abiertos fácilmente distingue a los espíritus malignos opositores. Algunas personas están completamente poseídas por demonios, pero en la mayoría de los casos, los demonios solo controlan parcialmente sus pensamientos.

Actúan en contra de la verdad en el momento en que Satanás obra en sus pensamientos, porque todavía tienen una fe débil o restos de su vieja naturaleza pecaminosa como adulterio, robo, mentira, ira, celos y envidia. Los corazones de las personas pueden cambiar cuando escuchan el mensaje dado por un ministro que tenga suficiente poder espiritual para echar fuera demonios en el nombre de Jesucristo.

La gente se arrepentiría con lágrimas, porque sus corazones se conmoverían profundamente o se darían cuenta de su pecado mientras el ministro da el mensaje con el poder que Dios le ha dado. También recibirían una fe firme y la fortaleza necesaria para luchar contra el pecado. Después de unos cuantos meses, se darían cuenta de lo mucho que ha cambiado su carácter y su fe. De esta manera, es posible que la verdad cambie incluso su naturaleza.

En los cuatro Evangelios, podemos ver a muchas personas que fueron transformadas en su naturaleza interna después que conocieron a Jesús. Por ejemplo, aun cuando el apóstol Juan era al comienzo un hombre que se irritaba con facilidad, tanto que se le llamó el hijo del trueno (Marcos 3:17), desde que conoció a Jesús fue transformado de tal manera que luego se le llamó "el apóstol del amor".

Del mismo modo, un hombre con una fe completa es capaz de cambiar a otras personas en la forma que Jesús lo hizo. También puede echar fuera demonios en el nombre de Jesús porque tiene el poder para dominar al enemigo Satanás.

¿Cómo echar fuera demonios?

Hay diferentes casos para echar fuera demonios. A veces, se van al instante por la oración, y otras veces no se van aunque se ore cien veces. Si alguien con fe llega a ser poseído por demonios porque Dios aparta Su rostro de él después de haberle fallado, o decepcionado de alguna manera, esa persona puede ser fácilmente liberada, al recibir la oración luego de arrepentirse totalmente con lágrimas. Esto es porque ya tiene fe y conoce la Palabra de Dios.

¿En qué caso resulta difícil echar fuera demonios incluso con mucha oración? Es cuando un demonio perverso y malvado posee a alguien que no tiene fe y que no conoce la verdad. En tal caso, no le será fácil tener fe en tanto esté poseído por el demonio, porque la maldad está muy profundamente enraizada en él. A fin de liberarlo, alguien debe ayudarle a tener fe, a entender la verdad, a arrepentirse, y a destruir el muro de pecado que lo separa de Dios.

También, si hay un problema en la vida cristiana de los padres, el hijo amado de ellos podría llegar a estar poseído por demonios. En tal caso, al niño no se le debería liberar del demonio hasta que sus padres se arrepientan de sus pecados, reciban la salvación y se paren firmes sobre la roca de fe.

Hay casos también cuando alguien está siendo afligido por las fuerzas de la oscuridad. Usted pudiera ver a alguien vivir una vida angustiosa en la fe porque le es difícil abrir su corazón, y los pensamientos mundanos, la duda, y el cansancio le impiden escuchar las prédicas, aun cuando sinceramente procura hacerlo.

Esto puede ocurrir ya que las potestades de la oscuridad

pueden obrar en la familia de alguien si sus antepasados han sido idólatras devotos o si sus padres son brujos o adoran ídolos. Sin embargo, el demonio lo dejará; y esa persona y su familia serán salvos cuando se convierta en un hijo de luz al escuchar la Palabra con diligencia y orar fervientemente.

Por otra parte, Dios aborrece tanto la idolatría que eso crea un grueso muro de pecado entre Dios y el idólatra. Por lo tanto, deberá seguir batallando consigo mismo para vivir en la verdad hasta derribar el muro de pecado. Podrá ser rápidamente liberado dependiendo de lo fervientemente que ore y se esfuerce por cambiar.

Excepciones o casos en los cuales el demonio no sale

¿En qué casos los demonios no se van a pesar que uno lo ordene en el nombre de Jesucristo?

Los demonios no salen de una persona cuando ésta ha creído en el Señor pero su conciencia se ha cauterizado e insensibilizado después de apartarse del Señor. No puede reconciliarse con el Señor aun cuando lo intente, ya que su conciencia buena ha sido totalmente reemplazada por la falsedad.

Por eso, encontramos en 1 Juan 5:16: *"...Hay pecado de muerte, por el cual yo no digo que se pida".* En otras palabras, Dios no le responde a pesar de que ore.

¿Qué es un pecado de muerte? Es blasfemar o hablar contra el Espíritu Santo. Alguien que comete este pecado no puede ser perdonado ni en este siglo ni en el venidero. Por lo tanto, esa persona no podrá ser salva aunque ore sin cesar.

En Mateo 12:31, Jesús nos dice que la blasfemia contra el

Espíritu no será perdonada. Blasfemar contra el Espíritu quiere decir perturbar la obra del Espíritu Santo con mala intención, juzgando y condenando por propia voluntad ese obrar del Espíritu. Por ejemplo, blasfemar es cuando alguien juzga como "herética" la iglesia donde el obrar de Dios se manifiesta, levantando falsos testimonios y esparciendo rumores de esa iglesia (Marcos 3:20-30).

Jesús también dijo en Mateo 12:32: *"A cualquiera que dijere alguna palabra contra el Hijo del Hombre, le será perdonado; pero al que hable contra el Espíritu Santo, no le será perdonado, ni en este siglo ni en el venidero".*

Y otra vez, en Lucas 12:10, Jesús nos recuerda: *"A todo aquel que dijere alguna palabra contra el Hijo del Hombre, le será perdonado; pero al que blasfemare contra el Espíritu Santo, no le será perdonado".*

Cualquiera que hable una palabra en contra del Hijo del Hombre, puesto que lo hace sin conocerle, podrá ser perdonado de sus pecados. Sin embargo, uno que blasfeme y hable una palabra en contra del Espíritu Santo no podrá ser perdonado e irá camino de la muerte porque obstaculiza el obrar de Dios y blasfema al Espíritu aun cuando ya haya aceptado a Jesús y recibido al Espíritu Santo. Por lo tanto, no deben cometer pecados de blasfemia contra el Espíritu y hablar alguna palabra contra el Espíritu Santo, sabiendo que estos pecados son demasiado graves como para merecer perdón, y mucho menos la salvación.

Hebreos 10:26 nos dice que si un hombre deliberadamente sigue pecando aun después de haber recibido el conocimiento de la verdad, ya no queda ningún sacrificio por sus pecados. Por la

Palabra de Dios ya sabe muy bien lo que es pecado y no debería tampoco cometer ninguna maldad.

Sin embargo, si peca intencionalmente y a sabiendas, entonces su conciencia poco a poco se volverá insensible al pecado y se cauterizará. Al final, será abandonado porque no podrá recibir el espíritu de arrepentimiento.

Además, a aquellos que una vez fueron iluminados, quienes gustaron del don celestial, quienes fueron hechos partícipes del Espíritu Santo, y probaron de la buena Palabra de Dios y de los poderes del siglo venidero, no les será dado el espíritu de arrepentimiento después que "se apartan y caen" porque sería crucificar otra vez al Hijo de Dios y exponerle a vituperio (Hebreos 6:4-6).

A esas personas que recibieron el Espíritu Santo, que tienen conocimiento del Cielo y del Infierno, que conocen la Palabra de Dios, y que, sin embargo, tentados por el mundo, caen y deshonran la gloria de Dios, a ellos no se les dará ninguna oportunidad de arrepentimiento.

Con excepción de los casos mencionados anteriormente, en los que Dios no puede evitar ocultar Su rostro, usted puede controlar y dominar a Satanás y al diablo. Solo en esos casos los demonios no pueden salir aun cuando se les ordena en el nombre de Jesucristo.

Orar sin cesar viviendo por completo en la Verdad

¡Cuán angustiado se sentirá un siervo de Dios si los demonios no se van aun si lo ordena en el nombre de Jesucristo!

Por lo tanto, necesitará recibir poder para dominar y

controlar a Satanás y al diablo. A fin de llevar a cabo las señales que siguen a aquellos que creen, tiene que alcanzar el nivel en el que se agrada a Dios, no solo permaneciendo completamente en la verdad, amando a Dios con todo su corazón, sino también orando fervientemente y sin cesar.

Poco tiempo después de haber fundado mi iglesia, un joven poseído por un espíritu de epilepsia vino a verme desde la provincia de Gang-won después de escuchar informes acerca de mi ministerio de sanidad. A pesar que él creía que había estado sirviendo muy bien a Dios como maestro de la escuela dominical y miembro del coro, no trató de despojarse de sus pecados, sino que continuó pecando por ser muy arrogante. Por consiguiente, un demonio de iniquidad entró a su mente contaminada y el hombre estuvo padeciendo gravemente de esto.

La sanidad se produjo debido a la ferviente oración de su padre y a la dedicación de su hijo. Cuando identifiqué claramente al demonio y oré echándolo fuera, el joven inconsciente cayó hacia atrás mientras que su boca se cubría de espuma de mal olor. El joven regresó a su casa después que se puso la armadura de la Palabra de Dios en mi iglesia y llegó a ser una nueva criatura en Cristo. Después me enteré que estaba sirviendo fielmente en su iglesia y que daba testimonio de su sanidad.

Además, actualmente muchas personas son liberadas de demonios o de fuerzas de la oscuridad en cualquier lugar o momento a través de la oración con el pañuelo sobre el cual he orado.

En una oportunidad, un joven de Ul-san, Provincia de Kyungnam, fue gravemente golpeado, durante su primer año de secundaria, por estudiantes de grado superior y por sus amigos, porque se rehusó a fumar con ellos. Producto de ello, el joven atravesó por una etapa terrible de angustia, llegando al final a estar poseído por un demonio, siendo hospitalizado por siete meses en una institución para enfermos mentales. Sin embargo, fue liberado del demonio después de recibir la oración con el pañuelo sobre el cual yo había orado. Recuperó su salud y ahora es un valioso siervo en su iglesia.

Estas obras están aconteciendo también en otros países. Por ejemplo, en Pakistán un hermano había sufrido de un espíritu maligno por cuatro años pero fue liberado a través de la oración con el pañuelo, y además recibió el Espíritu Santo y el don de hablar en lenguas.

2. Hablarán en nuevas lenguas

La segunda señal que acompaña a aquellos que creen es hablar en nuevas lenguas. ¿Qué es exactamente hablar en nuevas lenguas?

1 Corintios 14:15 dice: *"¿Qué, pues? Oraré con el espíritu, pero oraré también con el entendimiento; cantaré con el espíritu, pero cantaré también con el entendimiento"*.

Puede ver que espíritu es diferente a entendimiento o mente. ¿Qué diferencia hay entonces entre espíritu y entendimiento?

Hay dos clases de entendimiento en el corazón de cada persona: uno de la verdad y otro de la falsedad. La mente o el entendimiento verdadero es el espíritu, una mente pura o blanca. La mente o el entendimiento de la falsedad es la carne, una mente obscura y negra. Después que acepta a Jesucristo, su corazón se llena del espíritu en la medida que ora y se despoja del pecado viviendo por la Palabra de Dios, ya que la mentira es arrancada de raíz en la misma proporción.

Finalmente, su corazón se va llenando poco a poco del espíritu, sin que quede ninguna falsedad cuando alcanza el cuarto nivel de fe para amar a Dios por sobre todas las cosas. Además, si tiene una fe que agrada a Dios, su corazón estará completamente lleno del espíritu, y a esto se llama "espíritu completo". En esta etapa, su entendimiento o mente es espiritual y el espíritu es su entendimiento.

Hablar en nuevas lenguas

Cuando el espíritu dentro de usted ora a Dios bajo la inspiración del Espíritu Santo, es llamado "orar en lenguas". La oración en lenguas es una conversación entre usted y Dios, y en consecuencia, es tremendamente provechosa para su vida en Cristo, porque el enemigo Satanás, no puede escucharla.

El don de hablar en lenguas es por lo general dado al hijo de Dios cuando ora sinceramente en la plenitud del Espíritu Santo. Dios quiere dar este don a cada uno de Sus hijos.

Cuando ora fervientemente en lenguas, podría inconscientemente cantar una canción en lenguas, danzar, o incluso hacer un movimiento rítmico en la inspiración del Espíritu Santo. Aunque uno normalmente no cante muy bien o no sea bueno para danzar, podrá danzar mejor que un profesional porque el Espíritu Santo controla completamente a la persona.

Además, uno tendrá una nueva experiencia espiritual al orar en nuevas lenguas cuando vaya a un nivel más profundo. A esto se llama "hablar en nuevas lenguas". Podrá hablar en nuevas lenguas inmediatamente luego que ore en lenguas en el quinto nivel de fe.

Lo suficientemente poderoso para echar fuera a Satanás

Hablar en nuevas lenguas es tan poderoso que el enemigo Satanás, teme y se va. Suponga que se encuentra con un ladrón que lo quiere atacar con un cuchillo. En ese momento, Dios puede hacerlo cambiar de idea y hacer que un ángel paralice su brazo si ora en nuevas lenguas.

También, si se siente tenso, incómodo o tiene deseos de orar antes de ir a algún sitio, es porque Dios está apremiando su mente a través del Espíritu Santo; Él ya sabe que un accidente está por suceder.

Por lo tanto, cuando ora en obediencia al obrar del Espíritu Santo, podría prever un inesperado desastre o calamidad, o un accidente, ya que el diablo es alejado de su camino y Dios le guiará para evitarlo.

Por lo tanto, al hablar en nuevas lenguas estará protegido y evitará problemas y dificultades en casa, en el trabajo, o en los negocios, o en cualquier lugar sin que Satanás pueda interferir.

3. Tomarán en sus manos serpientes

La tercera señal que sigue a los que creen es tomar serpientes con las manos. ¿A qué serpiente se refiere entonces?

Demos una mirada a Génesis 3:14-15:

> *"Y Jehová Dios dijo a la serpiente: Por cuanto esto hiciste, maldita serás entre todas las bestias y entre todos los animales del campo; sobre tu pecho andarás, y polvo comerás todos los días de tu vida. Y pondré enemistad entre ti y la mujer, y entre tu simiente y la simiente suya; ésta te herirá en la cabeza, y tú le herirás en el calcañar".*

Esta es una escena en la cual la serpiente está siendo maldecida por haber tentado a Eva. Aquí "la mujer" espiritualmente se refiere a Israel, y "su descendencia" a Jesucristo. Por consiguiente, el hecho de que la descendencia de la mujer *"hiera la cabeza de la serpiente"* quiere decir que Jesucristo destruirá la autoridad que el enemigo, el diablo y Satanás, tenían sobre la muerte. Decir que la *"serpiente le herirá en el calcañar"* profetiza a Satanás y al diablo crucificando a Jesucristo.

Además es muy claro que la "serpiente" se refiere a Satanás y al diablo porque Apocalipsis 12:9 dice: *"Y fue lanzado fuera el gran dragón, la serpiente antigua, que se llama diablo y Satanás, el cual engaña al mundo entero; fue arrojado a la tierra, y sus ángeles fueron arrojados con él".*

Por lo tanto, "tomar serpientes" significa que llegará a dividir a Satanás y a destruirlo en el nombre de Jesucristo.

Destruir la sinagoga de Satanás

En el Libro de Apocalipsis encontramos los siguientes versículos:

"Yo conozco [...] la blasfemia de los que se dicen ser judíos, y no lo son, sino sinagoga de Satanás" (2:9).

"He aquí, yo entrego de la sinagoga de Satanás a los que se dicen ser judíos y no lo son, sino que mienten; he aquí, yo haré que vengan y se postren a tus pies, y reconozcan que yo te he amado" (3:9).

Aquí "judíos", en cuanto a elegidos espiritualmente por Dios, se refiere a todos aquellos que creen en Dios. Aquellos *"que se dicen ser judíos"* se refiere a los que obstaculizan, juzgan e insultan la obra de Dios, diciendo que no está de acuerdo con sus ideas, y aborrecen y murmuran entre ellos llenos de envidia y celos.

"La sinagoga de Satanás" implica la reunión de una o más personas para hablar mal de otros mintiendo y causando problemas en la iglesia. La murmuración y las quejas de unas cuantas personas contaminan a muchas personas y, entonces, finalmente se establece una sinagoga de Satanás.

Por supuesto, las propuestas constructivas y sugerencias deben ser aceptadas para el desarrollo de la iglesia. Se trata de una sinagoga de Satanás, sin embargo, si algunos de los miembros de la iglesia están peleando contra el siervo de Dios, dividiendo la iglesia arguyendo un motivo aparentemente razonable, y formando un grupo en contra de la verdad.

Aunque las iglesias deberían estar llenas de amor y santidad y estar unidas en la verdad, hay muchas en las cuales se apaga la oración y el amor, el avivamiento se detiene completamente y, consecuentemente, el reino de Dios no permanece firme, todo a causa de la sinagoga de Satanás.

La sinagoga de Satanás, sin embargo, no puede ejercer su poder cuando uno puede discernirla con la fe que agrada a Dios en el quinto nivel.

Nunca ha habido una sinagoga de Satanás en mi iglesia desde que fue fundada. En los primeros días de mi ministerio, por supuesto, podría haber ocurrido, por medio de algunas personas cuyos pensamientos fueron controlados por Satanás ya que los miembros de la iglesia no estaban equipados todavía con la verdad.

En todo momento, sin embargo, Dios me lo hizo saber y la destruyó a través del mensaje en la predicación. De esta forma, cada intento de formar una sinagoga de Satanás fue derrotado. En estos días los miembros de mi iglesia pueden distinguir claramente la verdad de la falsedad. Aquellos que entran en la iglesia secretamente para formar una sinagoga de Satanás se irán o se arrepentirán porque en algunos de ellos todavía queda un buen corazón. Asimismo, una sinagoga de Satanás no puede ser formada si nadie actúa de acuerdo a ella.

4. Beberán cosa mortífera y no les hará daño

La cuarta señal que sigue a los creyentes es que cuando beben alguna bebida mortífera, no les hará ningún daño. Concretamente, ¿qué significa esto?

En Hechos 28:1-6 hay un incidente en el cual el apóstol Pablo fue mordido por una víbora en la isla de Malta. Los habitantes de la isla *"...estaban esperando que él se hinchase, o cayese muerto de repente; mas habiendo esperado mucho, y viendo que ningún mal le venía, cambiaron de parecer y dijeron que era un dios"* (v.6).

Esto aconteció porque Pablo tenía una fe perfecta de modo que ni siquiera el veneno de una víbora pudo dañarlo.

Aun si una víbora te muerde

Las personas con una fe perfecta no se enfermarán ni serán contaminadas por ningún germen, virus, o veneno, aun si lo consumieran sin darse cuenta, porque Dios quema el veneno con el fuego del Espíritu Santo.

No obstante, si lo beben intencionalmente no pueden ser protegidos, porque esto sería como tentar a Dios. Dios no acepta que nadie lo pruebe, con la única excepción del diezmo. Sin embargo, podría ingerir veneno en una comida envenenada a propósito para matarlo o dañarlo deliberadamente.

Más aún, un hombre pudiese dar a una mujer alguna bebida con alguna sustancia en polvo para hacerla dormir con el propósito de tentarla, o adormecer a alguien para raptarlo o robarle dinero. Aun en estas situaciones, alguien con perfecta fe sería protegido y no sufriría daño porque esos venenos serían neutralizados por el fuego del Espíritu Santo.

El fuego del Espíritu Santo quema todo veneno

Casi a finales de mi tercer año en el seminario teológico, mientras me estaba preparando para mi primera reunión de avivamiento, sentí un agudo dolor en mi estómago luego de tomar una bebida. Me sentí aliviado después que oré poniendo mis manos sobre el estómago y evacuar todo lo que tenía por una disentería. Al día siguiente supe que lo que había comido contenía una sustancia venenosa.

Una vez me quedé a orar en Jochiwon, Provincia de Choongchung. Había una universidad cerca del lugar donde estaba alojado y casi siempre había manifestaciones de alumnos y la policía usaba gas lacrimógeno para reprimirlos. A pesar que la gente en los alrededores sufría mucho para respirar, yo no tuve ninguna dificultad.

En los primeros días de mi ministerio, mi familia vivía en el sótano del edificio donde estaba mi iglesia. Por ese tiempo, en Corea se usaban briquetas de carbón para la calefacción. Mi familia sufrió mucho a causa del gas de monóxido de carbono, especialmente en días nublados, debido a la falta de circulación del aire. Pero a mí nunca me afectó ese gas venenoso. El Espíritu Santo inmediatamente disuelve cualquier sustancia venenosa, aun si entra a alguien con una fe que agrada a Dios, ya que el Espíritu Santo en Su plenitud se mueve dentro y alrededor del cuerpo de esa persona.

5. Sobre los enfermos pondrán sus manos y sanarán

La quinta señal que sigue a los creyentes es que cuando imponen las manos sobre los enfermos, éstos se sanan. Por la gracia de Dios, esta señal me ha acompañado inclusive antes que empezara el ministerio. Después de la fundación de mi iglesia, muchas personas han sido sanadas y han glorificado a Dios.

Actualmente, puesto que no puedo poner mis manos sobre cada miembro de mi iglesia, solo oro por los enfermos desde el púlpito. Sin embargo, muchas personas enfermas han sido sanadas y se han recuperado completamente de sus enfermedades por medio de la oración.

Además de esto, durante la Reunión de Avivamiento que por dos semanas se llevaba a cabo en el mes de mayo de cada año hasta el 2007, numerosas enfermedades desde leucemia, parálisis, hasta cáncer han sido sanadas. Aún más, los ciegos recuperaron la vista, los sordos oyeron, y los paralíticos caminaron. A través de estas maravillosas obras de Dios, un sinnúmero de personas han llegado a conocer al Dios vivo.

Pero, ¿por qué hay todavía algunas personas que no pueden recibir respuesta en medio de este obrar fulminante y vertiginoso del Espíritu Santo, que quema microbios y gérmenes y sana a los enfermos curando diversidad de dolencias como éstas?

Primero, debemos recordar que cuando uno recibe la oración sin fe, esa persona no podrá sanar. Es lógico que no reciba respuesta si no tiene fe, porque Dios obra de acuerdo a la fe de cada uno.

En segundo lugar, uno no puede ser sanado, aunque tenga fe,

cuando tiene un muro de pecado que lo separa de Dios. En este caso, esa persona podrá ser sanada cuando reciba la oración solo después de arrepentirse de sus pecados y de reconciliarse con Dios.

Hay una cosa más que debe saber. Incluso si alguien sana a un enfermo por la oración, no se puede considerar que haya alcanzado el quinto nivel de fe. Usted puede sanar si tiene el don de sanidad aun estando en el tercer nivel de fe.

Además, alguien que está en el segundo nivel de fe frecuentemente llegará a sanar a otros por medio de la oración si está lleno del Espíritu Santo, debido a que podrá entrar al cuarto o quinto nivel de fe por poco tiempo. Asimismo, la oración de un hombre justo o la oración de amor son tan poderosas y efectivas que la obra de Dios puede manifestarse (Santiago 5:16).

Al mismo tiempo, hay ciertos límites en estos casos. Las enfermedades causadas por gérmenes o virus tales como enfermedades simples hasta cáncer y tuberculosis pueden ser sanadas, pero obras excepcionales de Dios, como hacer que los paralíticos caminen o que los ciegos vean, no pueden lograrse tan fácilmente.

Aun cuando los demonios son echados fuera por la oración de amor o el don de sanidad, es muy probable que estos demonios regresen después de un tiempo. Sin embargo, cuando una persona en el quinto nivel de fe echa fuera demonios, éstos no pueden regresar.

Por lo tanto, se dice que está en el quinto nivel de fe solamente cuando puede mostrar en forma completa y total estas cinco clases de señales todas juntas. Además, si se encuentra en este nivel, mostrará mayor autoridad, poder y dones del Espíritu

Santo.

Actualmente, cuando innumerables personas están completamente manchadas por el pecado y la maldad, es muy probable que lleguen a tener fe solamente cuando vean más milagros, prodigios y más señales poderosas que en el tiempo de Jesús.

Por eso Dios quiere que Sus hijos no solo logren tener una completa fe espiritual, sino también que muestren las señales que acompañan a los creyentes, para que por medio de esas señales se pueda conducir a infinidad de almas al camino de la salvación.

Deben procurar recibir fortaleza, autoridad, y poder sabiendo que son capaces de hacer lo que Jesús hizo e incluso mayores cosas que las que Él hizo, si tienen la fe de Cristo que agrada a Dios.

¡Ruego en el nombre de Jesucristo para que puedan extender grandemente el Reino de Dios y lograr Su justicia con esta clase de fe lo más pronto posible, y para que resplandezcan por siempre en el Cielo, al igual que el sol!

Capítulo 10

DIFERENTES MORADAS Y CORONAS CELESTIALES

"No se turbe vuestro corazón; creéis en Dios, creed también en mí.

En la casa de mi Padre muchas moradas hay; si así no fuera,

yo os lo hubiera dicho;

voy, pues, a preparar lugar para vosotros.

Y si me fuere y os preparare lugar, vendré otra vez,

y os tomaré a mí mismo, para que donde yo estoy,

vosotros también estéis".

(Juan 14:1-3)

Para un atleta olímpico, ganar una medalla de oro debe ser un momento profundamente conmovedor. Llegó a obtener esa medalla de oro no de casualidad, sino después de un largo tiempo de duro entrenamiento para mejorar su destreza y de tener que abstenerse de todo tipo de diversiones y de sus comidas preferidas. Pudo soportar todo ese duro entrenamiento porque tenía el único deseo de conseguir la medalla de oro y sabía que ese esfuerzo sería generosamente recompensado.

Lo mismo sucede con nosotros los cristianos. En la carrera espiritual por el reino celestial, tenemos que luchar la buena batalla de la fe, castigar y disciplinar nuestros cuerpos, y someterlos para salir como vencedores del galardón final. La gente en este mundo hace todo lo posible por recibir recompensas y gloria terrenal. Entonces, ¿qué debería hacer usted para recibir recompensas y gloria en el eterno reino celestial?

La Escritura dice en 1 Corintios 9:24-25: *"¿No sabéis que los que corren en el estadio, todos a la verdad corren, pero uno solo se lleva el premio? Corred de tal manera que lo obtengáis. Todo aquel que lucha, de todo se abstiene; ellos, a la verdad, para recibir una corona corruptible, pero nosotros, una incorruptible".*

Este pasaje nos anima a tener dominio sobre nosotros mismos en todo y a correr sin cesar, anhelando la gloria que vamos a disfrutar muy pronto.

Examinemos detalladamente cómo puede poseer el glorioso Reino de los Cielos, y cómo puede alcanzar la mejor morada en el Cielo.

1. El Cielo se posee solo por fe

Hay muchas personas que, a pesar de tener honor y poder, riqueza y prosperidad y mucho conocimiento, no saben de dónde viene el hombre, para qué vive, y a dónde va. Ellos simplemente piensan que desde su nacimiento, la gente come, bebe, va al colegio, trabaja, se casa y vive hasta volver a ser un puñado de polvo después de morir.

Sin embargo, el pueblo de Dios que ha aceptado a Jesucristo no cree esto. Saben que su verdadero Padre, quien les da vida, es Dios, porque creen que Él creó al primer hombre Adán y le concedió la capacidad de procrear dándole una semilla de vida. Por esto, viven para glorificar a Dios ya sea que coman, beban, o hagan cualquier cosa ya que saben por qué Dios creó al hombre y dejó que viviera en este mundo. También viven de acuerdo a la voluntad de Dios porque saben cómo ser salvos, cómo ir al reino celestial, y tener vida eterna, o cómo van a ser castigados en el fuego eterno del Infierno.

Aquellos que tienen fe son hijos de Dios cuya ciudadanía está en los Cielos. Dios quiere que Sus hijos conozcan claramente el Reino de los Cielos y estén llenos de esperanza por su morada celestial porque mientras más personas conozcan claramente acerca del Reino de los Cielos, podrán vivir más activamente con fe en esta vida.

El reino se puede poseer solamente por fe y por eso solo aquellos que son salvos por la fe irán allí. Aunque tenga mucho dinero y todo el honor y el poder, no podrá ir allí por sus propios méritos. Solo aquellos que tienen el derecho de ser hijos de Dios al aceptar a Jesús y vivir por Su Palabra pueden ir al Cielo y disfrutar de la vida eterna y de bendiciones.

La salvación en los tiempos del Antiguo Testamento

¿Significa esto que los que nunca han oído de Jesús no pueden ser salvos? ¡No! No es así. Dado que el Antiguo Testamento era el tiempo de la Ley, uno era salvo dependiendo si vivía o no de acuerdo a la Ley, la Palabra de Dios. Sin embargo, en los tiempos del Nuevo Testamento, después que Juan el Bautista vino a este mundo y dio testimonio de Jesucristo, se es salvo por medio de la fe en Jesucristo.

Incluso en nuestro tiempo, puede haber algunas personas que no hayan aceptado aún a Jesucristo porque todavía no han escuchado acerca de Él. Esas personas serían juzgadas por su conciencia. (Para mayor instrucción sobre esto, por favor consulte el libro *EL MENSAJE DE LA CRUZ*). En estos días, muchos parecen malinterpretar la voluntad de Dios sobre la salvación. Piensan equivocadamente que pueden ser salvos solo si confiesan o declaran con sus labios, diciendo: "¡Creo en Jesucristo como mi Salvador!", porque en estos tiempos del Nuevo Testamento, Dios les da la gracia de la salvación por medio de la fe en Jesucristo. Estas personas creen que no es necesario esforzarse por vivir de acuerdo a Su Palabra y que pecar no es realmente un gran problema. Sin embargo, todo eso es absolutamente falso.

Entonces, ¿qué significa realmente ser salvo por obras en los días del Antiguo Testamento o ser salvo por fe en el Nuevo Testamento?

Jesús no vino a este mundo a salvar a aquellos que no viven de acuerdo a la Palabra de Dios; Él vino a guiar a la gente para que vivieran de acuerdo a la Palabra de Dios, no solo en sus obras y acciones sino también en sus corazones.

Por eso Jesús declara en Mateo 5:17: *"No penséis que he venido para abrogar la ley o los profetas; no he venido para abrogar, sino para cumplir"*.

También nos reitera que si alguien peca en su corazón, ya se le considera que ha pecado: *"Oísteis que fue dicho: No cometerás adulterio. Pero yo os digo que cualquiera que mira a una mujer para codiciarla, ya adulteró con ella en su corazón"* (Mateo 5:27-28).

La salvación en el Nuevo Testamento

Durante el tiempo del Antiguo Testamento, si alguien pecaba adulterando en su corazón, no se consideraba que hubiera pecado a menos que el adulterio se cometiera en acción.

Solamente cuando una persona cometía un pecado de acción u obra se le consideraba como pecadora. En consecuencia, solo cuando esa persona adulteraba de hecho, el pueblo la podía apedrear hasta morir (Deuteronomio 22:21-24). Igualmente, en la época del Antiguo Testamento si alguien tenía un corazón perverso y malvado, y tenía el deseo o la intención en su corazón de asesinar a alguien o de robar algo, pero no accionaba ni obraba en ese sentido, podía ser absuelto porque no era culpable de ningún delito ni pecado.

Veamos, entonces, 1 Juan 3:15 a fin de entender lo que significa ser salvo por fe en el Nuevo Testamento: *"Todo aquel que aborrece a su hermano es homicida; y sabéis que ningún homicida tiene vida eterna permanente en él"*.

En los días del Nuevo Testamento, aun cuando no se pecaba de acción u obras, no se podía ser salvo si se pecaba con el pensamiento en su corazón, ya que eso era igual a pecar de hecho o de obra.

Por lo tanto, durante el Nuevo Testamento, si tenía la intención de robar, ya era un ladrón, si miraba a una mujer con lascivia, ya era un adúltero, y si alguien odiaba a su hermano y tenía la intención de matarlo, era igual a un homicida. Teniendo en cuenta esto, la salvación se recibe mostrando a Dios su fe con obras y no pecando en su corazón.

Desechar las obras y los deseos de la naturaleza pecaminosa

En la Biblia, con frecuencia podrá encontrar términos como "naturaleza pecaminosa", "carne", "deseos de la naturaleza pecaminosa", "cuerpo de pecado" y otros parecidos. Sin embargo, es muy difícil encontrar a alguien, incluso entre los creyentes, que conozca el verdadero significado de estos términos.

De acuerdo al diccionario, no hay diferencia en el significado de "carne" y "cuerpo", pero de acuerdo a la Biblia, estas palabras tienen un significado espiritual diferente. A fin de entender el significado espiritual de estos términos, se necesita primero conocer el proceso por el cual el pecado entró en el hombre.

El primer hombre como alma viviente era un ser espiritual sin ninguna falsedad ya que Dios le había enseñado solamente el conocimiento de la vida. La muerte entró en el hombre cuando pecó desobedeciendo, al no guardar el mandato de Dios en su mente y tomar el fruto del árbol de la ciencia del bien y del mal (Romanos 6:23).

Ya que murió el espíritu que había controlado todo el ser del hombre, Adán ya no pudo continuar comunicándose con Dios. Además, como criatura debía tener temor de Dios el Creador y guardar Su mandamiento, pero de esa forma ni siquiera pudo llevar a cabo su deber completo de hombre. Fue expulsado del Huerto del Edén y tuvo que vivir en este mundo, soportando lágrimas, dolores, sufrimientos, enfermedades, y muerte. Adán y sus descendientes pecaron, y gradualmente, generación tras generación, se volvieron cada vez más malvados.

En este proceso de contaminación del pecado, en el momento en que al hombre se le aparta del conocimiento de la vida dado por Dios al principio, a esta condición se la llama "cuerpo", y cuando las características o propiedades del pecado son combinadas con este "cuerpo" le llamamos "naturaleza pecaminosa".

Por lo tanto, "la naturaleza pecaminosa" es un término genérico para referirse a las características invisibles pero latentes en el corazón de uno, las cuales pueden manifestarse en acciones, aún si uno no desea hacerlas. Además, cuando clasificamos y categorizamos esa naturaleza pecaminosa en características detalladas, la denominamos "deseos de la naturaleza pecaminosa o deseos de la carne".

Por ejemplo, características tales como la envidia, los celos, y el odio son invisibles, pero pueden ser manifestadas en acciones en cualquier momento en tanto permanezcan en su corazón. Por eso Dios las considera también pecado.

De esta manera, si no desecha los deseos de la carne o de la naturaleza pecaminosa, éstos se expresarán en acciones y hechos, y cuando los deseos de la naturaleza pecaminosa se revelan en acciones las llamamos "obras de la carne o de la naturaleza pecaminosa". Finalmente, denominamos "carne" a todo este conjunto de obras de la naturaleza pecaminosa.

En otras palabras, cuando clasificamos a la carne en acciones u obras específicas, las llamamos "las obras de la naturaleza pecaminosa o de la carne". Si tiene la intención de golpear a alguien, este deseo en su corazón pertenece a "los deseos de la carne o de la naturaleza pecaminosa", y si de hecho golpea a esa persona, entonces es una "obra de la carne o de la naturaleza pecaminosa".

¿Cuál es el significado espiritual de "carne" de acuerdo a su definición en Génesis 6:3?

"Y dijo Jehová: No contenderá mi espíritu con el hombre para siempre, porque ciertamente él es carne; mas serán sus días ciento veinte años".

Este versículo nos recuerda que Dios no quiere habitar por siempre con los que no viven por Su Palabra sino que pecan y se convierten en "carne".

La Biblia nos dice, sin embargo, que en todo tiempo Dios estuvo con los que tenían el espíritu como Abraham, Moisés, Elías, Noé y Daniel, quienes solo buscaron la verdad y vivieron por la Palabra de Dios. Por lo tanto, sabiendo que la gente carnal que no vive por la Palabra de Dios no puede ser salva, usted debería esforzarse por desechar cuanto antes, no solamente las obras de la carne, sino también los deseos de la naturaleza pecaminosa.

El hombre carnal no heredará el Reino de Dios

Puesto que Dios es amor, otorga el derecho de llegar a ser Sus hijos y da el Espíritu como regalo a aquellos que reconocen que son pecadores, que se arrepienten de sus pecados y que aceptan a Jesucristo como su Salvador. En el momento en que se recibe el regalo o el don del Espíritu Santo y se nace al espíritu por el Espíritu Santo, su espíritu muerto vuelve a nacer.

De esta manera, es salvo y tiene vida eterna porque ya no es un hombre carnal sino un hombre espiritual. Sin embargo, si sigue cometiendo las obras de la carne o de la naturaleza pecaminosa, no será salvo porque Dios no estará con usted.

Las obras de la carne o de la naturaleza pecaminosa están definidas en detalle en Gálatas 5:19-21:

"Y manifiestas son las obras de la carne, que son: adulterio, fornicación, inmundicia, lascivia, idolatría, hechicerías, enemistades, pleitos, celos, iras, contiendas, disensiones, herejías, envidias, homicidios, borracheras, orgías, y cosas semejantes a estas; acerca de las cuales os amonesto, como ya os lo he dicho antes, que los que practican tales cosas no heredarán el reino de Dios".

Jesús también nos dice en Mateo 7:21: *"No todo el que me dice: Señor, Señor, entrará en el reino de los cielos, sino el que hace la voluntad de mi Padre que está en los cielos".*

Además, al decirnos una y otra vez en la Biblia que los injustos, los que no viven por Su voluntad sino que practican las obras de la carne, no pueden entrar al Cielo, Dios quiere que todos reciban la salvación, solamente por la fe y alcancen el Cielo.

¿Desea recibir la salvación por fe?

En Romanos 10:9-10, se cita: *"que si confesares con tu boca que Jesús es el Señor, y creyeres en tu corazón que Dios le levantó de los muertos, serás salvo. Porque con el corazón se cree para justicia, pero con la boca se confiesa para salvación".*

La clase de fe que Dios requiere, es la que usted cree en su corazón y la confiesa con su boca. En otras palabras, si realmente cree en su corazón que Jesús es su Salvador al resucitar al tercer día luego de ser crucificado, es justificado al despojarse de sus pecados y vivir por la Palabra de Dios. Cuando confiesa con su boca y vive de esta manera conforme a Su voluntad, podrá ser salvo porque su confesión es verdadera.

Por eso, Romanos 2:13 dice: *"porque no son los oidores de la ley los justos ante Dios, sino los hacedores de la ley serán justificados".* Las Escrituras también nos dicen en Santiago 2:26: *"Porque como el cuerpo sin espíritu está muerto, así también la fe sin obras está muerta".*

Podrá mostrar su fe por medio de sus obras cuando crea la Palabra de Dios con todo su corazón, no cuando la guarda o la almacena en su mente como simple conocimiento. En el momento en que el conocimiento es sembrado en su corazón, las acciones lo acompañarán.

Por lo tanto, si antes odiaba, será transformado en alguien que ama a su prójimo. Si había sido un ladrón, ya no robará más y será honrado. Si aún vive en la oscuridad amando al mundo y confiesa su fe solamente con sus labios, su fe está muerta porque no tiene nada que ver con la salvación.

Asimismo, como está escrito en 1 Juan 1:7: *"Pero si andamos en luz, como él está en luz, tenemos comunión unos con otros, y la sangre de Jesucristo su Hijo nos limpia de todo pecado".*

Sin embargo, cuando la verdad está en usted, caminará naturalmente en la luz porque vivirá por la verdad. Llegará a ser justo, debido a la fe que hay en su corazón, mientras va dejando la oscuridad y va entrando al reino de la luz al despojarse de sus pecados. Por el contrario, estaría mintiéndole a Dios si aún viviera en la oscuridad pecando y haciendo el mal. Por esta razón, debe rápidamente llegar a tener una fe que vaya acompañada de obras.

Debe caminar en la luz

Dios nos manda a combatir contra el pecado hasta llegar a derramar nuestra sangre (Hebreos 12:4) porque desea que seamos perfectos como Él es perfecto (Mateo 5:48), y santos como Él es santo (1 Pedro 1:16).

En la época del Antiguo Testamento, se era salvo solamente si sus obras y acciones eran perfectas. No tenían que desechar el pecado de su corazón porque les era imposible como seres humanos, despojarse de sus pecados con sus propias fuerzas.

Si pudiera dejar de pecar por sí mismo, Jesús no hubiera tenido que venir a este mundo en carne. Sin embargo, como no se puede remediar el problema del pecado ni ser salvo por sus propios méritos ni esfuerzo, Jesús fue crucificado, y da a todo aquel que cree el Espíritu Santo como un don o regalo y les lleva a la salvación.

De esta manera, podrá desechar toda clase de maldad con la ayuda del Espíritu Santo y participar de la naturaleza divina porque el Espíritu Santo, cuando entra en su corazón, hace que esté consciente de pecado, justicia, y juicio.

Por eso, no debería estar satisfecho solo con haber aceptado a Jesucristo, sino por el contrario, debería orar fervientemente, desechar toda clase de maldad y caminar en la luz con la ayuda del Espíritu Santo hasta que llegue a participar de la naturaleza divina.

El único camino para poseer el Cielo es tener fe espiritual seguida de obras, como vemos en Mateo 7:21: *"No todo el que me dice: Señor, Señor, entrará en el reino de los cielos, sino el que hace la voluntad de mi Padre que está en los cielos".*

También debe hacer todo lo posible para alcanzar la medida de fe de un padre, porque las moradas celestiales serán determinadas por la medida de fe de cada uno.

Espero que tome parte en la naturaleza divina y posea la Nueva Jerusalén en la cual está el trono de Dios.

2. El Reino de los Cielos sufre violencia

Dios es un Dios justo. Por eso nos permite cosechar lo que sembramos y nos recompensa de acuerdo a cómo obremos o conforme a lo que hacemos. Por lo tanto, en el Cielo, a cada uno se le recompensará con una morada celestial diferente de acuerdo a la medida de su fe y cada premio o recompensa se dará de acuerdo al servicio y dedicación de cada uno al Reino de Dios. Dios, quien dio incluso sin reservas a Su Unigénito en sacrificio para darnos el Cielo y la vida eterna, espera ansiosamente que Sus hijos vivan para siempre con Él en la mejor morada celestial en el Cielo, la Nueva Jerusalén.

A través de la historia del mundo, vemos generalmente que una nación fuerte le declara la guerra a una nación relativamente más débil, y extiende su territorio. A fin de conquistar el territorio de la otra nación, un país tuvo que invadir a otro y derrotarlo en la guerra.

De la misma manera, si es un hijo de Dios con la ciudadanía celestial, y como conoce muy bien acerca del reino, debe avanzar hacia el Cielo con una esperanza ferviente. Algunos podrían preguntarse: ¿Cómo nos atrevemos a avanzar hacia el Cielo, que es el Reino del Dios Todopoderoso? Por lo tanto, necesitamos primero entender el significado espiritual de "avanzar hacia el Cielo" y luego sabremos en realidad cómo avanzar hacia él.

Desde los días de Juan el Bautista

Jesús nos dice en Mateo 11:12: *"Desde los días de Juan el Bautista hasta ahora, el reino de los cielos sufre violencia, y los violentos lo arrebatan".*

Los días antes de Juan el Bautista se refieren al tiempo de la Ley, durante el cual la salvación se obtenía por obras.

El Antiguo Testamento es la sombra del Nuevo Testamento; los profetas dieron a conocer a la gente acerca de Jehová y profetizaron acerca del Mesías. Sin embargo, desde los días de Juan el Bautista, la época del Nuevo Testamento, es decir de la Nueva Promesa, comenzó cuando concluyeron las profecías del Antiguo Testamento.

Nuestro Salvador Jesús apareció en la historia de la humanidad, no como una sombra sino como la existencia misma. Juan el Bautista empezó anunciando que Jesús vendría en esta forma. Desde entonces, ha empezado la era de la gracia en la cual todos pueden recibir la salvación aceptando a Jesús como su Salvador y así recibir el Espíritu Santo.

Todo aquel que acepte a Jesucristo y crea en Su nombre, recibe el derecho de ser hijo de Dios y de entrar al Cielo. Dios, sin embargo, porque es justo y retribuye a cada uno conforme a sus obras, ha dividido el Cielo en diferentes lugares celestiales para vivir, y permite que cada uno de Sus hijos lo posea de acuerdo a su propia medida de fe. Además, solamente aquellos que se han santificado completamente viviendo de acuerdo a la Palabra, y han logrado cumplir totalmente con su misión, podrán entrar a la Nueva Jerusalén en donde está el trono de Dios.

Por consiguiente, usted debería ser uno de los que más se esfuerza para tomar posesión de la mejor morada celestial porque cada morada diferente en el Cielo se determinará de acuerdo a la medida de su fe, aun cuando la entrada al mismo Cielo se logra solo por fe.

A partir de los días de Juan el Bautista hasta la Segunda Venida de nuestro Señor en el aire, todo el que avanza hacia el Cielo podrá tomar posesión de él. Jesús nos dice en Juan 14:6: *"Yo soy el camino, y la verdad, y la vida; nadie viene al Padre, sino por mí".*

El Señor nos dice que nadie viene al Padre, excepto a través de Él, porque Él es el camino que conduce al Cielo, a la verdad, y a la vida misma. Por esta razón, vino a este mundo, dio testimonio de Dios de modo que todos podamos entender claramente a Dios, y Él mismo nos enseñó cómo llegar al Cielo haciéndose un modelo para nosotros.

En el Cielo hay muchas moradas

El Cielo es el Reino de Dios donde Sus hijos salvos vivirán por siempre. A diferencia de este mundo, es un reino de paz sin cambio ni corrupción. Está lleno de gozo, alegría y felicidad; y no hay enfermedad, pena, dolor, ni muerte; porque no estará Satanás, ni el diablo, ni habrá pecado.

Aun cuando intentemos imaginarnos cómo es el Cielo, se quedará completamente sorprendido y asombrado cuando vea su belleza y brillo real. ¡Cuán maravillosamente habrá hecho el Cielo el Dios Todopoderoso y creador del universo donde Sus hijos han de vivir por siempre! Si examina cuidadosamente la Biblia, descubrirá que el Cielo está dividido en muchos lugares para vivir.

Jesús dice en Juan 14:2: *"En la casa de mi Padre muchas moradas hay; si así no fuera, yo os lo hubiera dicho; voy, pues, a preparar lugar para vosotros".*

Nehemías también menciona varios "cielos": *"Tú solo eres Jehová; tú hiciste los cielos, y los cielos de los cielos, con todo su ejército, la tierra y todo lo que está en ella, los mares y todo lo que hay en ellos; y tú vivificas todas estas cosas, y los ejércitos de los cielos te adoran"* (9:6).

En el pasado, la gente pensaba que solo existía un cielo, pero en el presente, con el desarrollo de la ciencia, sabemos que hay numerosos ámbitos aparte del espacio que a simple vista podemos ver con nuestros ojos. Para nuestra sorpresa, Dios ya registró este hecho en la Biblia.

Por ejemplo, el Rey Salomón declaró que hay diversos cielos: *"Pero ¿es verdad que Dios morará sobre la tierra? He aquí que los cielos, los cielos de los cielos, no te pueden contener; ¿cuánto menos esta casa que yo he edificado?"* (1 Reyes 8:27). El apóstol Pablo confesó en 2 Corintios 12:2-4 que había sido llevado al Paraíso en el tercer cielo y el libro de Apocalipsis 21 describe la Nueva Jerusalén en la cual está el trono de Dios.

Por lo tanto, debemos aceptar que el Cielo no consiste solamente en un lugar para vivir, sino en numerosos lugares para morar. Clasificaré el Cielo en diversos lugares según la medida de fe y los nombraré Paraíso, Primer Reino, Segundo Reino, Tercer Reino, y la Nueva Jerusalén.

El Paraíso es para los que tienen la fe más pequeña, el Primer Reino es para los que tienen una fe mejor que la de los que están en el Paraíso, el Segundo Reino es para los que tienen una mejor fe de los que están en el Primer Reino, el Tercer Reino es para los que tienen una fe aún mejor de los que están en el Segundo Reino. En el Tercer Reino está la Nueva Jerusalén, la Ciudad Santa, donde está el trono de Dios.

El Reino de los Cielos sufre violencia por parte de aquellos que tienen fe

En Corea hay islas tales como Ul-leung y Jeju, también hay áreas rurales y montañosas, pequeñas y grandes ciudades y pueblos, y áreas metropolitanas. En la ciudad capital de Seúl, está la residencia oficial del presidente de la nación.

Al igual que una nación se divide en diversos distritos con propósitos administrativos, igualmente el Reino de los Cielos se divide en varias moradas de acuerdo a normas muy estrictas. Es decir, su morada en el Cielo se determina por la medida en que vive conforme al corazón de Dios.

Dios se complace mucho cuando se vive con la esperanza del Cielo porque es la muestra de su fe y, al mismo tiempo, es la forma más rápida para ganar la batalla contra el diablo y Satanás y llegar rápidamente a santificarse desechando las obras y los deseos de la carne o de la naturaleza pecaminosa.

Después que acepta a Jesucristo, se da cuenta que es fácil desechar las obras de la carne, pero que no es tan fácil despojarse de los deseos de la carne; es decir, el deseo de pecar arraigado dentro de uno.

Por eso, los que tienen verdadera fe continuamente procuran orar y ayunar y así llegar a ser hijos santos de Dios, despojándose completamente, también de los deseos de la carne.

El Cielo se posee solamente por fe y cada morada se determina de acuerdo a lo que uno ha hecho porque el Cielo es donde Dios gobierna con justicia y amor. Es decir, la morada para el que está en el primer nivel de fe es diferente a la del que está en el segundo, o tercer nivel de fe, y así sucesivamente. Mientras más alto sea el nivel de fe en el que esté, entrará a un lugar más hermoso y glorioso en el Cielo.

Tiene que avanzar hacia el Cielo

Por lo tanto, si califica solamente para ir al Paraíso, necesita luchar para avanzar hacia el Primer Reino, y hacia las mejores moradas en el Cielo. Mientras avanza hacia el Cielo, ¿contra quién debe luchar? Es una permanente batalla contra el diablo, lo que lo hará aferrarse a su fe en este mundo y avanzar hacia las puertas del Cielo.

El enemigo Satanás hará todo lo posible para que la gente se oponga a Dios y no entre al Cielo; haciéndoles dudar para que no tengan fe y finalmente conducirlos a la muerte induciéndolos a pecar. Por eso tiene que derrotar al diablo. Tendrá una mejor morada solo cuando se asemeje más al Señor al batallar contra el pecado hasta el punto de derramar sangre.

Suponga que hay un boxeador; éste resiste toda clase de entrenamiento, por más duro que sea, con tal de llegar a ser campeón mundial. Sabe que por medio de este riguroso entrenamiento, podrá ser campeón mundial y entonces gozará de honor, riqueza, y prosperidad. Sin embargo, debe pasar por este doloroso entrenamiento y luchar contra él mismo, hasta obtener el título de campeón.

Lo mismo sucede cuando nos aferramos al Cielo y avanzamos hacia él. Debe luchar la buena batalla para santificarse, desechando toda clase de maldad, y cumpliendo bien con el servicio que Dios le ha asignado. Tiene que ganar esta batalla espiritual para poseer el Cielo orando fervientemente, aun cuando el diablo y Satanás lo obstaculicen constantemente en su lucha por avanzar hacia el reino celestial.

Una cosa que debe saber es que esta batalla contra el diablo en realidad no es tan difícil. Cualquier persona que tiene fe puede ganar la batalla contra Satanás, porque Dios lo ayuda y lo lleva junto con las huestes celestiales, los ángeles, y el Espíritu Santo.

Debemos tomar posesión del Cielo avanzando hacia él y lograr la victoria con fe. Después que un boxeador obtiene el título de campeón, debe continuar esforzándose para conservar ese título. Sin embargo, la lucha para entrar al Cielo se hace con gozo y alegría, porque mientras más victorioso sea, su carga del pecado se hará más liviana. Cada vez que triunfe en la batalla, su gozo será cada vez mayor, y la lucha se hará día a día cada vez más fácil porque todo le saldrá bien, y podrá gozar de buena salud así como su alma será próspera.

Además, aun cuando un boxeador llegue a ser campeón mundial y reciba honor, riqueza, salud y prosperidad, cuando muera todo eso desaparecerá. Sin embargo, la gloria y las bendiciones que recibe después de la lucha por avanzar hacia el Cielo perduran para siempre.

Entonces, ¿para qué debe esforzarse y luchar? Debe ser una persona sabia que obtenga un mejor lugar en el Cielo avanzando decididamente hacia él, buscando las cosas eternas y no las terrenales.

Avanzar hacia el Cielo por fe

Cuando Jesús explica sobre el Cielo, lo hace a través de parábolas que ilustran situaciones cotidianas en esta tierra de modo que la gente pueda entenderlo mejor. Una de ellas es la parábola de la semilla de mostaza.

"...El reino de los cielos es semejante al grano de mostaza, que un hombre tomó y sembró en su campo; el cual a la verdad es la más pequeña de todas las semillas; pero cuando ha crecido, es la mayor de las hortalizas, y se hace árbol, de tal manera que vienen las aves del cielo y hacen nidos en sus ramas" (Mateo 13:31-32).

Cuando coloca la punta de un lapicero en una hoja de papel, queda una marca muy pequeña. Ese es casi igual al tamaño de un grano de mostaza. Aun siendo esta semilla tan pequeña crecerá hasta llegar a ser un árbol grande, de modo que las aves del cielo vienen y se posan en él. Jesús usa esta parábola para mostrar el proceso de crecimiento de la fe: Aun cuando tenga hoy una fe pequeña, puede cultivarla hasta que sea una fe grande.

Jesús, en Mateo 17:20 nos dice: *"...porque de cierto os digo, que si tuviereis fe como un grano de mostaza, diréis a este monte: Pásate de aquí allá, y se pasará; y nada os será imposible".*

En respuesta a la petición de Sus discípulos para aumentarles su fe, Jesús responde en Lucas 17:6: *"...Si tuvierais fe como un grano de mostaza, podríais decir a este sicómoro: Desarráigate, y plántate en el mar; y os obedecería".*

Tal vez se pueda preguntar cómo puede mover un árbol u ordenar a una montaña que se mueva con una fe del tamaño de una semilla de mostaza. Sin embargo, ni una tilde o acento, ni la letra más pequeña de la Palabra de Dios dejará de cumplirse.

¿Cuál es entonces el significado espiritual de estos versículos? Cuando acepta a Jesús y recibe el Espíritu Santo tiene la fe del tamaño de un grano de mostaza. Esta pequeña fe brotará y crecerá al ser plantada en el campo o terreno que representa su corazón. Cuando crezca hasta ser una gran fe, podrá mover una montaña simplemente al ordenarlo, y también podrá manifestar las poderosas obras de Dios como hacer que los ciegos vean, los sordos oigan, los mudos hablen, y los muertos vuelvan a la vida.

No es correcto pensar que no tiene nada de fe porque no puede mostrar las obras del poder de Dios o porque todavía tiene problemas en su familia o negocios. Como tiene una fe tan pequeña como un grano de mostaza, está caminando por la senda de la vida eterna asistiendo a la iglesia, alabando, y orando. Simplemente no experimenta las obras poderosas de Dios porque la medida de su fe es todavía pequeña.

Por lo tanto, su fe que es como un grano de mostaza necesita crecer hasta llegar a ser una fe lo suficientemente grande para mover una montaña. Al igual que se planta una semilla de uva y la cultiva mientras brota, florece y da fruto, su fe también crece a través de un proceso similar.

Necesita tener fe espiritual

Lo mismo sucede cuando se avanza hacia el reino celestial. Usted no puede entrar en la Nueva Jerusalén solo diciendo: "¡Sí, creo!" Tiene que tomar posesión de él, paso a paso, empezando por el Paraíso hasta llegar a la Nueva Jerusalén. Para llegar a la Nueva Jerusalén, debe saber claramente cómo hacerlo. Si no conoce el camino, no podrá tomar posesión de ella o podría quedarse inerte sin poder avanzar a pesar de sus esfuerzos.

Los israelitas que salieron de Egipto murmuraron contra Moisés y se quejaron porque no tenían suficiente fe para dividir el Mar Rojo. Entonces Moisés, quién tenía una extraordinaria fe, incluso capaz de mover una montaña, tuvo que dividir en dos el Mar Rojo. Sin embargo, la fe de los israelitas permaneció estancada aun después que presenciaron cómo se dividió el Mar Rojo.

Por el contrario, hicieron la imagen de un becerro de oro y se inclinaron ante ella mientras Moisés estaba ayunando y orando en el Monte Sinaí para recibir los Diez Mandamientos (Éxodo 32). Por esta razón, Dios se enojó y dijo a Moisés: *"Ahora, pues, déjame que se encienda mi ira en ellos, y los consuma; y de ti yo haré una nación grande"* (v.10).

Los israelitas no tenían todavía la fe espiritual necesaria para obedecer a Dios, aun cuando habían visto numerosas maravillas y señales manifestadas por medio de Moisés.

Finalmente, la primera generación de los israelitas durante el tiempo del Éxodo no pudo entrar a Canaán, con excepción de Josué y Caleb. ¿Cómo era la segunda generación del Éxodo con Josué y Caleb? Apenas los sacerdotes que llevaban el Arca de Dios pusieron sus pies en el Río Jordán bajo el liderazgo de Josué, el agua se detuvo y todos los israelitas pudieron cruzarlo.

Además, en obediencia al mandato de Dios, marcharon alrededor de la Ciudad de Jericó por siete días, dando luego un fuerte grito, y entonces Jericó cayó. Ellos pudieron experimentar las maravillosas obras del poder de Dios, no porque eran fuertes físicamente, sino porque obedecieron la dirección de Josué, quien tenía esa fe tan grande como para mover incluso una montaña. Además, en ese momento, los israelitas ya tenían también fe espiritual.

¿Cómo pudo Josué poseer esa fe tan fuerte y grande? Josué pudo adquirir la experiencia y la fe de Moisés con quien había vivido por cuarenta años en el desierto.

Al igual que Eliseo, recibió como herencia una doble porción del espíritu de Elías estando con él hasta el final.

Josué como sucesor de Moisés, quien había sido reconocido y ungido por Dios, llegó a ser un hombre de gran fe sirviendo y obedeciendo a Moisés mientras le seguía. Como producto de ello, manifestó ese poderoso obrar, al llegar incluso a detener el sol y la luna (Josué 10:12-13).

Lo mismo sucedió con los israelitas que siguieron a Josué. La primera generación del Éxodo, todos los que tenían veinte años de edad o más, habían sufrido por cuatro décadas y murieron en el desierto. Sin embargo, sus descendientes quienes siguieron a Josué, pudieron entrar a Canaán porque llegaron a poseer la fe espiritual, a través de las diferentes pruebas y adversidades.

Necesita entender claramente la fe espiritual. Algunas personas dicen que en tiempos pasados tuvieron tal fe y que fueron siervos fieles en su iglesia, pero que ya no son más fieles porque su fe de alguna manera se ha apagado. Su argumento no es válido porque la fe espiritual nunca cambia. Su fe del pasado cambió porque no era la fe espiritual, sino solo una fe del conocimiento o mental. Si hubiera sido verdadera fe espiritual, no se habría desvanecido o cambiado, incluso después de transcurrir un largo tiempo.

Imagínese que hay un pañuelo blanco. Mientras se lo muestro, le pregunto: "¿Cree usted que este pañuelo es blanco?". De seguro dirá: "¡Sí!". Otra vez, imagínese que han pasado diez años y, sosteniendo el mismo pañuelo, le pregunto: "¿Es este un pañuelo blanco? ¿Lo cree?" ¿Cómo respondería? Nadie dudaría de su color o diría que es un pañuelo negro aun con el paso de tanto tiempo. El mismo pañuelo que hace diez o veinte años creí que era blanco, hoy todavía creeré que es blanco.

Aquí hay otra parábola. Cuando uno va en peregrinaje a la Tierra Santa, se puede ver a la gente vendiendo semillas de mostaza envueltas en un sobre. Un día, cierto hombre compró y sembró estas semillas de mostaza en el campo pero no brotaron; la fuerza de vida que contenían las semillas murió, porque pasó mucho tiempo sin que fueran sembradas.

Asimismo, aunque haya aceptado a Jesucristo, haya recibido el Espíritu Santo y tenga una fe tan pequeña como un grano de mostaza, el Espíritu Santo que habita en usted puede desvanecerse, si deja pasar mucho tiempo sin sembrar fe en el campo o en el terreno que representa su corazón. Por eso, 1 Tesalonicenses 5:19 nos advierte: *"No apaguéis al Espíritu"*. Aunque su fe sea hoy tan pequeña como un grano de mostaza, puede crecer poco a poco cuando la plante en su corazón y manifieste esta fe en obras. Sin embargo, si no vive por la Palabra de Dios, y pasa mucho tiempo desde que recibió el Espíritu Santo por primera vez, el fuego del Espíritu podrá apagarse.

Arrebatando el Cielo con la fe espiritual

Por lo tanto, si ha aceptado a Jesucristo y ha recibido el Espíritu Santo, tiene que vivir por la Palabra de Dios. En obediencia a la Palabra de Dios, debe despojarse de sus pecados, orar, alabar, estar en compañía de hermanos y hermanas en el Señor, difundir y hablar del Evangelio, y amar a los demás.

De esta manera, su fe crecerá a medida que la cultiva. Por ejemplo, mientras esté en compañía de sus hermanos en la fe, su fe crecerá, porque podrá glorificar a Dios al compartir testimonios y sostener conversaciones que verdaderamente edifiquen a los demás.

Quizás se haya dado cuenta que la fe de una persona es influenciada por aquellos con quienes se lleva bien. Si los padres tienen buena fe, es probable que sus hijos también tengan buena fe. Si su amigo tiene buena fe, su fe también crecerá porque ésta se asemejará a la fe de su amigo.

Por el contrario, ya que el diablo enemigo y Satanás tratan de arrebatarle su fe, no solo deberá armarse en todo tiempo con la Palabra de Dios, sino también orar sin cesar para ganar la batalla espiritual estando siempre gozoso y dando gracias en todas las circunstancias con el poder y la autoridad de Dios.

Entonces, su fe que es pequeña como una semilla de mostaza crecerá hasta ser un gran árbol lleno de hojas y flores, y al final llevará mucho fruto. Podrá glorificar a Dios al producir abundantemente los nueve frutos del Espíritu Santo, el fruto del amor espiritual, y el fruto de la luz.

Usted sabe el gran esfuerzo que un agricultor debe hacer y la paciencia que debe tener desde el momento de sembrar las semillas hasta cosechar el fruto. Del mismo modo, no podemos poseer el cielo simplemente asistiendo a la iglesia. También necesitamos esforzarnos y batallar espiritualmente para hacerlo nuestro.

Cuando evangeliza a las personas, podrá encontrarse con algunos que digan que primero quieren ganar una gran cantidad de dinero y disfrutar la vida, y luego, cuando sean mayores, ir a la iglesia. ¡Qué necios son! Uno no sabe lo que va a pasar mañana, tampoco sabe cuándo retornará nuestro Señor.

Además no se puede obtener la fe en un día, y la fe no crece en un corto período de tiempo. Por supuesto, uno puede tener toda la fe que quiera, pero tan solo como conocimiento. Pero solo se puede obtener fe espiritual, la cual es dada por Dios, cuando uno entiende la Palabra de Dios y vive apasionadamente por ella.

Un agricultor no siembra semillas en cualquier lugar. Escoge un terreno árido, lo prepara y lo hace fértil primero. Luego siembra en ese campo las semillas y las cuida regándolas, fertilizándolas, y hace lo que es necesario para que crezcan. Solamente entonces las plantas pueden crecer bien y él podrá cosechar abundantemente. Del mismo modo, si usted tiene una fe pequeña como un grano de mostaza, tiene que sembrar y cultivar su fe para que crezca hasta llegar a ser un árbol grande sobre el cual muchas aves del cielo se posen y descansen.

Por una parte, "el ave" en la Parábola del Sembrador en Mateo 13:1-9, representa al diablo que se come las semillas, esto es la Palabra de Dios, las cuales cayeron entre el camino.

Por otra parte, las aves en Mateo 13:31-32 también representan a las personas:

"...El reino de los cielos es semejante al grano de mostaza, que un hombre tomó y sembró en su campo; el cual a la verdad es la más pequeña de todas las semillas; pero cuando ha crecido, es la mayor de las

hortalizas, y se hace árbol, de tal manera que vienen las
aves del cielo y hacen nidos en sus ramas".

Al igual que las muchas aves descansan y se posan en un árbol
grande, cuando su fe crece hasta la medida completa, muchas
personas podrán apoyarse y encontrar descanso espiritual en
usted, porque será capaz de compartir su fe y fortalecerlos con la
gracia de Dios.

Además, mientras más se santifique y se consagre, obtendrá
más amor espiritual y virtud. Por ello, llegará a comprender y a
aceptar a un gran número de personas, y ésta será la forma más
rápida para arrebatar el Reino de los Cielos.

Jesús dice en Mateo 5:5: *"Bienaventurados los mansos,*
porque ellos recibirán la tierra por heredad". Este pasaje le
enseña que mientras más crezca su fe y más manso llegue a ser,
heredará un lugar más grande en el Cielo.

Diferente gloria en el Cielo de acuerdo al nivel de fe

El apóstol Pablo comenta acerca de nuestros cuerpos
resucitados en 1 Corintios 15:41: *"Una es la gloria del sol, otra*
la gloria de la luna, y otra la gloria de las estrellas, pues una
estrella es diferente de otra en gloria".

Todos recibirán una diferente medida de gloria en el Cielo,
porque Dios retribuye a todos de acuerdo a lo que han hecho.

En este pasaje, la "gloria del sol" se refiere a la gloria que
poseerán aquellos que estén completamente santificados y sean
fieles en toda la casa de Dios. La "gloria de la luna" se refiere a la
gloria de las personas que no alcancen la gloria del sol, y la "gloria

de las estrellas" se refiere a la gloria de las personas que tienen una fe menor a aquella que tienen los de la gloria de la luna.

La frase "una estrella es diferente de otra en gloria" significa que así como cada estrella es diferente en su nivel de resplandor, cada uno de nosotros recibirá diferentes recompensas y rangos celestiales después de la resurrección, aun cuando lleguemos a entrar al mismo lugar o morada en el Cielo.

Por lo tanto, la Biblia nos dice que cada uno de nosotros tendrá diferente gloria cuando entremos al Cielo después de nuestra resurrección. Esto nos da a entender que nuestras moradas celestiales y recompensas serán diferentes de acuerdo a la medida de fe espiritual que tengamos al habernos despojado de todo pecado, y en la magnitud en que hayamos sido fieles al reino de Dios durante nuestra vida en este mundo.

Sin embargo, la gente que es malvada y descuidada en renunciar a sus pecados y en ser fieles a sus deberes, no podrán entrar al Cielo sino que, por el contrario, serán echados fuera a las tinieblas (Mateo 25). Por eso, usted debe avanzar con fe, decididamente hacia el hermoso Reino de los Cielos.

Cómo avanzar hacia el Cielo

La gente en este mundo pasa toda su vida tratando de ganar riquezas que no pueden poseer para siempre. Algunas personas trabajan mucho para comprar una casa reduciendo sus gastos al máximo, mientras que otros estudian muy duro, sin dormir lo suficiente, a fin de lograr buenos trabajos. Si la gente hace todo lo posible para tener una mejor vida en este mundo, la cual dura solo un corto tiempo, ¿cuánto más deberíamos esforzarnos por la vida eterna en el Cielo? Examinemos detalladamente cómo hemos de avanzar hacia el Cielo.

Primeramente debe obedecer a la Palabra de Dios. Dios desea que se sigan ocupando de su salvación con temor y temblor (Filipenses 2:12). El diablo enemigo y Satanás le arrebatarán su fe si no está alerta. Por lo tanto, debe estimar y considerar la Palabra de Dios como *"dulce más que miel, y que la que destila del panal"* (Salmos 19:10), y debe permanecer en ella y obedecerla. Será salvo no solo cuando llame a Jesús "¡Señor, Señor!", sino cuando obre de acuerdo con la voluntad de Dios con la ayuda del Espíritu Santo.

En segundo lugar debe ponerse toda la armadura de Dios. Para ser fuerte en el Señor, en Su gran poder, y estar firme contra las asechanzas del diablo, debe ponerse toda la armadura de Dios. Su lucha no es contra carne ni sangre, sino contra principados, contra potestades, contra los gobernadores de las tinieblas de este siglo, contra huestes espirituales de maldad en las regiones celestes. Por eso, solamente cuando se pone toda la armadura de Dios podrá resistir en el día malo, y estar firme habiendo acabado todo (Efesios 6:10-13).

Por consiguiente, debe estar firme, ceñidos sus lomos con la verdad, y vestido con la coraza de la justicia, y calzados sus pies con el apresto del evangelio de la paz. Sobre todo, tome el escudo de la fe, con que pueda apagar todos los dardos de fuego del maligno. Y tome el yelmo de la salvación y la espada del Espíritu que es la Palabra de Dios. Ore en todo tiempo con toda oración y súplica en el Espíritu. Con esto en mente, estará siempre alerta y se mantendrá siempre en oración (Efesios 6:14-18). Su morada en el Cielo será determinada en la medida en que se ponga toda la armadura de Dios y derrote a Satanás y al diablo.

En tercer lugar debe tener amor espiritual en todo tiempo. Con fe, puede entrar al Cielo, y con la esperanza en el Cielo, puede permanecer en la verdad. Con el poder del amor, también puede santificarse y ser fiel en todas sus obligaciones.

Además, podrá entrar en la Nueva Jerusalén, el lugar más hermoso en el Cielo, cuando alcance el perfecto amor. Debe lograr el perfecto amor para vivir en la Nueva Jerusalén donde está Dios ya que Él es amor.

Como el apóstol Pablo nos dice en 1 Corintios 13:13: *"Y ahora permanecen la fe, la esperanza y el amor, estos tres; pero el mayor de ellos es el amor"*, tiene que avanzar hacia el Cielo teniendo el amor espiritual. Además, necesita saber que la morada en el Cielo será determinada de acuerdo a cuánto amor haya logrado llevar a cabo.

3. Las diferentes moradas y coronas celestiales

Naturalmente las personas en el mundo no pueden saber ni conocer sobre el Cielo; que forma parte de un mundo de cuatro dimensiones. Sin embargo, como hombre de fe, se emociona y se llena de gozo tan solo al escuchar la palabra "Cielo", porque el reino celestial es su hogar en el que vivirá por siempre. Si aprende detalladamente acerca del Cielo, no solo su alma prosperará, sino que su fe crecerá más rápido porque se llenará de la esperanza por el reino celestial.

En el Cielo hay muchas moradas que Dios ha preparado para Sus hijos (Deuteronomio 10:14; 1 Reyes 8:27; Nehemías 9:6;

Salmos 148:4; Juan 14:2).

Cada uno de nosotros poseerá una morada diferente de acuerdo a la medida de nuestra propia fe, y puesto que Dios es justo, nos permite segar lo que sembramos (Gálatas 6:7) y nos recompensa de acuerdo a lo que hemos hecho (Mateo 16:27, Apocalipsis 2:23).

Como ya he mencionado, el Reino de los Cielos está dividido en diversos lugares como el Paraíso, el Primer Reino, el Segundo Reino, y el Tercer Reino en el cual está la Nueva Jerusalén. Al igual que la residencia oficial del presidente de Corea, Cheong Wa Dae, está en la ciudad capital de Seúl, y la residencia oficial del presidente de Estados Unidos, la Casa Blanca, está en la ciudad capital de Washington, D.C., el trono de Dios se encuentra en la Nueva Jerusalén.

La Biblia también nos habla de varias clases de coronas, las cuales serán dadas como recompensas a los hijos de Dios. Entre las diferentes misiones que Dios nos da, el traer almas al Señor y construir Su santuario merecen las mayores recompensas.

Hay varias maneras de traer almas al Señor. Puede participar evangelizando personas, ayudando en este ministerio mediante diversas ofrendas, o evangelizando indirectamente a la gente trabajando fielmente para el reino de Dios de acuerdo a sus talentos. Tales medios indirectos de traer almas al Señor son también importantes para extender el Reino de Dios, así como es imprescindible cada parte de su cuerpo para su normal funcionamiento.

No obstante, la participación directa en la evangelización y en la construcción del santuario o templo en el cual la congregación se reúne para adorar a Dios, merece la mayor recompensa porque significa de alguna forma calmar la sed de Jesús y de expresar nuestro agradecimiento por Su sangre y sacrifico en la cruz.

Hay diversas formas por medio de las cuales uno obtiene una corona en el Cielo, y cada corona se diferencia de la otra por su grado de belleza y valor. Por la corona de cada uno, se podrá reconocer su medida de santificación, recompensa, y la morada celestial, al igual que en la época de la monarquía se podía reconocer la condición social de alguien por su ropa.

Profundicemos en la relación que hay entre la medida de fe, las moradas en el Cielo, y las coronas dadas como recompensa.

El Paraíso para las personas con el primer nivel de fe

El Paraíso es el lugar más modesto o de menor nivel en el Cielo, no obstante es un lugar lleno de un indescriptible gozo, felicidad, hermosura, y paz en comparación con este mundo. Además, ¡cuán grandioso será ese lugar ya que no habrá pecado en lo absoluto! El Paraíso es un lugar mucho mejor que el Huerto del Edén donde Dios puso a Adán y Eva después de crearlos.

El Paraíso es un lugar hermoso donde el Río de Vida, que se origina en el trono de Dios, desemboca después de pasar por el Tercer Reino, Segundo Reino, y el Primer Reino. En un lado del Río está el árbol de la vida, que produce doce frutos, dando cada mes su fruto (Apocalipsis 22:2).

El Paraíso es para los que aceptaron a Jesucristo, pero no hicieron ninguna obra de fe. Es decir, los que van al Paraíso son aquellos que están en el primer nivel de fe, que tan solo recibieron la salvación y al Espíritu Santo. No se les da ninguna corona o recompensa porque no mostraron ninguna obra de fe.

Encontramos en Lucas 23:43 que Jesús en la cruz le dijo al criminal a Su lado: *"... De cierto te digo que hoy estarás conmigo en el paraíso"*. Esto no significa necesariamente que Jesús está solamente en el Paraíso, Jesús está en todas partes en el Cielo porque es el amo del Cielo. También se puede leer en la Biblia que Jesús, después de Su muerte, descendió al Alto Sepulcro y no al Paraíso.

Efesios 4:9 pregunta: *"Y eso de que subió, ¿qué es, sino que también había descendido primero a las partes más bajas de la tierra?"*

También, en 1 Pedro 3:19 encontramos que: *"... también fue y predicó a los espíritus encarcelados"*.

Es decir Jesús fue al Alto Sepulcro y predicó el evangelio allí y resucitó después de tres días.

Por lo tanto, las palabras de Jesús: *"Hoy estarás conmigo en el Paraíso"* significan que Jesús anticipó en fe el hecho de que el criminal sería salvo e iría al Paraíso. El criminal tuvo apenas la fe suficiente para ser salvo, y fue al paraíso porque solamente aceptó a Jesús momentos antes de su muerte, y no hizo ningún esfuerzo de luchar contra sus pecados o de cumplir su deber y responsabilidad por el Reino de Dios.

El Primer Reino de los Cielos

¿Qué clase de lugar es el Primer Reino de los Cielos? Así como hay una gran diferencia en la vida entre el Paraíso y este mundo, el Primer Reino de los Cielos es un lugar incomparablemente más feliz y gozoso que el Paraíso.

Si la felicidad de alguien que ha ido al Primer Reino fuese

comparada con la felicidad de un pez dorado en una pecera, la felicidad de alguien que ha ido al Segundo Reino puede compararse con la de una ballena en el vasto Océano Pacífico. Al igual que un pez dorado en una pecera se siente más cómodo y feliz cuando está ahí, el que ha ido al Primer Reino se siente satisfecho al estar allí y siente verdadera felicidad.

Ahora sabe que hay diferencias en la medida de felicidad entre cada morada celestial. ¿Puede imaginarse qué vida tan gloriosa disfrutará el que esté en la Nueva Jerusalén, donde está el trono de Dios? ¡Será brillante, hermosa e impresionante, más allá de cualquier cosa que alguna vez se haya imaginado! Por eso es que debería cultivar su fe diligentemente esperando la Nueva Jerusalén sin contentarse con alcanzar el Paraíso o el Primer Reino.

Si llega a ser hijo de Dios al aceptar a Jesucristo como su Salvador, con la ayuda del Espíritu Santo puede rápidamente alcanzar el segundo nivel de fe en el cual tratará de vivir por la Palabra de Dios. En esa etapa, se esforzará todo lo posible para guardar Su Palabra a medida que la aprende, pero todavía no podrá vivir perfectamente de acuerdo a ella.

Es igual que con un niño de menos de un año de edad intentando inútilmente ponerse de pie a pesar de que se cae constantemente. Después de mucha práctica, finalmente llegará a pararse, caminará con dificultad, y pronto incluso, tratará de correr. ¡Qué bello y estupendo será para su mamá ver que su bebé continúa creciendo de esta manera!

Es igual con las etapas en la fe. Así como el bebé trata de pararse, caminar, y correr porque está vivo, la fe, que también tiene vida en ella, avanza hasta alcanzar el segundo nivel de fe, y luego el tercer nivel de fe. Por consiguiente, Dios, da el Primer Reino a aquellos que están en el segundo nivel de fe porque Dios también los ama.

Una corona incorruptible

Recibirá una corona en el Primer Reino de los Cielos. Hay varias clases de coronas en el Cielo del mismo modo que hay diversas moradas: una corona incorruptible, una corona de gloria, una corona de vida, una corona de oro, y una corona de justicia.

Entre estas coronas, al que entra al Primer Reino, se le dará una corona incorruptible.

En 2 Timoteo 2:5-6, podemos leer: *"Y también el que lucha como atleta, no es coronado si no lucha legítimamente. El labrador, para participar de los frutos, debe trabajar primero"*.

Así como somos recompensados por nuestra labor en este mundo, también seremos recompensados cuando tomemos la senda angosta o estrecha para llegar al Cielo.

Un atleta recibe la medalla de oro o una guirnalda de laureles solo cuando ha competido conforme a las reglas, y gana. Del mismo modo, usted podrá recibir una corona solo cuando compita de acuerdo a la Palabra de Dios, avanzando decididamente hacia el Cielo.

Jesús dijo: *"No todo el que me dice: Señor, Señor, entrará en el reino de los cielos, sino el que hace la voluntad de mi Padre que está en los cielos"* (Mateo 7:21). Aunque alguien diga que cree en Dios, si desconoce la ley espiritual, es decir, la ley de Dios, no se le podrá otorgar ninguna corona porque tiene solo una fe como conocimiento, y es igual a un atleta que no compite de acuerdo a las reglas.

Sin embargo, aun si su fe es débil, será recompensado con una corona incorruptible en tanto trate de competir en la carrera de acuerdo a las reglas de Dios. Recibirá una corona incorruptible porque será recompensado por haber participado y competido legítimamente en la carrera.

La carrera de alguien con fe es una batalla espiritual contra el diablo y contra el pecado. El premio en sí para el que gana la carrera venciendo al enemigo es una corona incorruptible.

Imagínese que solo viene al culto el domingo y se reúne con sus amigos en la tarde. En este caso, no podrá ni siquiera recibir una corona incorruptible porque ya ha perdido la batalla contra el diablo y Satanás.

1 Corintios 9:25 declara que: *"Todo aquel que lucha, de todo se abstiene; ellos, a la verdad, para recibir una corona corruptible, pero nosotros, una incorruptible"*.

Del mismo modo en que todos los que compiten en un juego se someten a un estricto entrenamiento y compiten de acuerdo a las reglas, a fin de llegar al Cielo, también debemos pasar por un estricto entrenamiento y vivir por la voluntad de Dios. Viendo que incluso Dios ha preparado una corona que nunca perecerá para aquellos que se esfuerzan en este mundo para vivir conforme a Su ley, teniendo en cuenta solo sus esfuerzos. ¡Ahora sabemos del inmenso amor de nuestro Dios!

Además, a diferencia del Paraíso, hay recompensas que están preparadas para aquellos que alcancen el Primer Cielo. A los que entren en este lugar y que se hayan esforzado por el reino de Dios en el nombre del Señor, les serán dados los premios y la gloria correspondiente.

El Segundo Reino

El Segundo Reino del Cielo es un nivel más alto que el Primer Reino. Las personas en el tercer nivel de fe, quienes viven por la Palabra de Dios, pueden entrar al Segundo Reino. Alrededor de la capital de Corea, Seúl, hay ciudades satélites, y cerca de estos lugares están los suburbios o las partes más alejadas del centro.

De la misma manera, en el Cielo la Nueva Jerusalén está ubicada en medio del Tercer Reino, y alrededor del Tercer Reino están el Segundo Reino, el Primer Reino, y el Paraíso. Por supuesto, esto no significa que cada lugar en el Cielo esté distribuido del modo en que lo están las ciudades en este mundo.

Con el limitado conocimiento humano, no podemos entender correctamente la maravillosa y misteriosa manera en la cual el Cielo está organizado o distribuido. Debe intentar comprender todo lo que pueda, pero podría no entenderlo correctamente, aun si trata de imaginárselo con su propia mente o imaginación. Se puede entender el Cielo en la misma medida en que su fe crezca porque no se puede explicar el Cielo con nada de este mundo.

El rey Salomón, quien disfrutó de gran riqueza, prosperidad, y poder, se lamentó cuando llegó a ser viejo: *"Vanidad de vanidades, dijo el Predicador; vanidad de vanidades, todo es vanidad. ¿Qué provecho tiene el hombre de todo su trabajo con que se afana debajo del sol?"* (Eclesiastés 1:2-3).

En Santiago 4:14 también se nos recuerda: *"cuando no*

sabéis lo que será mañana. Porque ¿qué es vuestra vida? Ciertamente es neblina que se aparece por un poco de tiempo, y luego se desvanece".

La gran riqueza y prosperidad de alguien en este mundo duran solo por un tiempo y pronto se acaba y perece.

Comparada con la vida eterna, la vida que vivimos hoy es igual a la neblina que aparece por un poco de tiempo y luego se desvanece. Sin embargo, la corona que Dios nos da es una corona eterna que nunca perece, y es un premio tan precioso y valioso que será el eterno motivo de dicha y satisfacción de los que la reciban.

Entonces, ¡cuán insignificante será la vida de alguien que no da gloria a Dios mientras declara su fe en Él! Sin embargo, si uno está en el tercer nivel de fe, como hace todo con sinceridad y transparencia, con frecuencia escuchará a su vecino decir: "Después de verlo a usted, ¡yo también debo empezar a ir a la iglesia!"

De esta forma, se da gloria a Dios y por eso, Dios le recompensa con una corona de gloria.

Una corona de gloria

Encontramos en 1 Pedro 5:2-4 lo que Dios nos ha encargado:

"Apacentad la grey de Dios que está entre vosotros, cuidando de ella, no por fuerza, sino voluntariamente; no por ganancia deshonesta, sino con ánimo pronto; no como teniendo señorío sobre los que están a vuestro cuidado, sino siendo ejemplos de la grey. Y cuando

*aparezca el Príncipe de los pastores, vosotros recibiréis
la corona incorruptible de gloria".*

Si llega al tercer nivel de fe, emanará el aroma de Cristo,
porque su hablar y su comportamiento cambiarán lo suficiente
para que se convierta en luz y sal del mundo al despojarse de sus
pecados, resistiendo hasta llegar a derramar su sangre. Si antes
una persona que fácilmente se enojaba y hablaba en contra de los
demás, llega a ser manso y únicamente habla bien de los demás,
sus vecinos dirán: "Ha cambiado mucho desde que se convirtió
en cristiano". De este modo, a causa de ese testimonio, Dios es
glorificado.

Por lo tanto, la corona de gloria será otorgada como
recompensa a aquel que llega a ser un buen ejemplo al rebaño, ya
que diligentemente glorifica a Dios despojándose de sus pecados
y siendo fiel en los deberes que Dios le ha dado en este mundo.
Lo que hayamos hecho en el nombre del Señor y lo que hayamos
hecho para cumplir nuestro deber y a la vez despojarnos de
nuestros pecados será atesorado como premio en el Cielo.

La gloria y la fama de este mundo se deteriorarán, pero la
gloria que de a Dios nunca se desvanecerá, y retornará a usted
como la corona de gloria que nunca perecerá.

A veces podrá preguntarse: "Esa persona debería ser perfecta
en todo aspecto, asemejándose a la actitud del Señor, puesto que
es muy fiel en la obra de Dios. Pero, ¿por qué todavía tiene
maldad?"

En ese caso, aquel individuo todavía no está completamente
santificado, sino que está luchando contra su pecado, pero le da
gloria a Dios haciendo todo lo posible de su parte por cumplir

con su deber. Por eso, obtendrá una corona de gloria que nunca se desvanecerá.

¿Por qué, entonces se le llama "una corona incorruptible de gloria"? La mayoría de la gente recibe un premio por lo menos una o dos veces en su vida. Mientras más grande es el premio que recibe, más feliz y orgulloso se siente. Sin embargo, al mirar al pasado, después de cierto tiempo, usted se da cuenta que la gloria de este mundo no vale la pena. Esto pasa porque el certificado de mérito se convierte simplemente en un pedazo de papel gastado, el trofeo se llena de polvo, y el recuerdo, una vez tan fuerte, se desvanece.

Por el contrario, la gloria que ha de recibir en el Cielo, nunca cambiará. Por eso es que Jesús nos dice: *"sino haceos tesoros en el cielo, donde ni la polilla ni el orín corrompen, y donde ladrones no minan ni hurtan"* (Mateo 6:20).

Por consiguiente, cuando se compara "la corona incorruptible de gloria" con las coronas que existen en este mundo, nos muestra que su gloria y brillo durarán por siempre. Al ver que incluso una corona en el Cielo es eterna y que no perece, ¿puede imaginarse qué perfecto será todo lo demás allí?

Pero, ¿cómo se sentirán las personas que están en el lugar inferior del Cielo, en el Paraíso o el Primer Reino, cuando uno que tenga puesta una corona de gloria los visite? En el Cielo, los que tengan moradas de menor rango o jerarquía, apreciarán y admirarán de todo corazón a los de más alta posición, inclinándose ante ellos, incluso sin levantar sus ojos, al igual que los súbditos se inclinaban delante del rey.

No obstante, no los odiarán ni se pondrán celosos o envidiosos porque en el Cielo no hay maldad. Por el contrario, lo mirarán con respeto y amor. En el Cielo, uno no se siente incómodo ni orgulloso en lo absoluto, ya sea que se incline respetuosamente o reciba respeto de los demás porque vive en un lugar celestial más alto. La gente simplemente muestra su respeto o da la bienvenida a los demás con amor, considerándose los unos a los otros como más valiosos.

El Tercer Reino

El Tercer Reino del Cielo es para aquellos que viven completamente por la Palabra de Dios y tienen la fe de un mártir, que no consideran sus vidas de valor alguno porque aman a Dios por encima de todo.

Los que se encuentran en el cuarto nivel de fe están preparados para entregar sus vidas por el Señor.

Muchos cristianos fueron ejecutados en los últimos días de la Dinastía Chosun en Corea. Durante ese período, hubo gran persecución y opresión en contra del cristianismo. El gobierno incluso prometió recompensar a aquellos que informaran el paradero de los cristianos. Sin embargo, los misioneros de Estados Unidos y de Europa no tenían temor alguno a morir, más bien, esparcieron con mayor pasión el evangelio. Muchos fueron asesinados hasta que el evangelio llegó a prosperar tal como vemos hoy.

Por lo tanto, si quiere ser misionero en otro país, le aconsejo que tenga la fe de un mártir. Aun cuando pueda sufrir penurias y adversidades al estar sirviendo como misionero en un país extranjero, podrá hacerlo con gozo y gratitud, porque sabrá que sus sufrimientos y dolores serán ricamente recompensados en el

Cielo.

Algunos pueden pensar: "Ahora vivo en un país donde no hay persecución y hay libertad de culto. Sin embargo, me siento mal ya que no puedo ofrecer mi vida por el reino de Dios, aun cuando tengo una fe lo suficientemente fuerte para sacrificarme como mártir". Sin embargo, ese no es el caso. En estos días, no se necesita morir como un mártir para difundir el evangelio como en los días de la iglesia primitiva.

Por supuesto, si fuese necesario, debería haber mártires. No obstante, si puede servir más a Dios, aun teniendo la fe para sacrificar su vida, ¿no sería más grato para Dios que no muriese como mártir?

Además, Dios que escudriña su corazón conoce la clase de fe que usted mostrará en situaciones en las que su vida peligre por causa del evangelio, y también conoce las partes más profundas y el centro de su corazón. Podría ser más valioso para usted vivir como un mártir viviente, como lo dice un antiguo proverbio: "Vivir es más difícil que morir".

En nuestra vida diaria, podríamos encontrarnos en situaciones de vida o muerte que demanden de nosotros la fe de un mártir. Por ejemplo, ayunar y orar día y noche, es imposible si no tomamos una fuerte decisión, porque con fe uno ayuna y ora para recibir la respuesta de Dios con riesgo de perder su vida.

¿Qué clase de personas, entonces, pueden entrar al Tercer Reino en el Cielo? Solo los que están completamente santificados pueden entrar en él.

En los días de la iglesia primitiva, ya que había un gran número de cristianos que estaban dispuestos a morir por Jesucristo, muchos de ellos habrán calificado para ir al Tercer

Reino. Sin embargo, hoy, solamente un número muy pequeño de creyentes que se distinguen especialmente por haberse despojado de sus pecados ante Dios, pueden entrar al Tercer Reino, ya que actualmente la maldad del hombre es grande sobre la tierra.

Los que tienen la fe de los primeros cristianos pueden entrar al Tercer Reino porque se apartan de todo pecado venciendo toda clase de dificultades y pruebas, llegando a santificarse completamente, y siendo fieles hasta la muerte. Por consiguiente, Dios los considera valiosos, y hace que los ángeles y las huestes celestiales los cuiden, y los protejan con la nube de la gloria.

La corona de la vida

¿Qué clase de corona recibirán las personas en el Tercer Reino? Serán recompensados con la corona de la vida, como Jesús lo promete en Apocalipsis 2:10: *"...Sé fiel hasta la muerte, y yo te daré la corona de la vida"*.

En este pasaje, "ser fiel" no significa simplemente ser fiel a sus obligaciones en su iglesia. Es muy importante despojarse de toda clase de maldad resistiendo al pecado, hasta derramar su sangre y sin comprometerse con el mundo. Cuando logre tener un corazón limpio y santo, al luchar contra el pecado hasta morir, recibirá la corona de vida.

También se le concederá la corona de vida cuando dé su vida por su prójimo y por sus amigos; y cuando persevere en medio de la tentación después de haber resistido la prueba (Juan 15:13; Santiago 1:12).

Por ejemplo, cuando la gente encuentra dificultades, la mayoría las soporta de mala gana, sin un corazón agradecido, se molestan y no tienen paciencia, o se quejan contra Dios.

Por el contrario, si uno vence cualquier clase de pruebas con gozo, se puede considerar que se ha santificado completamente. Alguien que ama en gran medida a Dios podrá ser fiel hasta la muerte y vencer todo tipo de adversidades con gozo.

Por otra parte, hay diferencias considerables en la calidad de vida de las personas dependiendo si están en el primer, segundo, tercer o cuarto nivel de fe. Los impíos ni siquiera podrán dañar al que está en el cuarto nivel de fe. Aunque ciertas dolencias lo puedan afectar, inmediatamente sabrá la razón o causa de ello.

Si eso sucede, pondrá su mano en la parte enferma de su cuerpo, y entonces el malestar se irá rápidamente. Además, si alguien llega al quinto nivel de fe, ninguna enfermedad podrá tocarle, porque la luz de gloria lo rodea en todo tiempo.

El propósito más importante de Dios al cultivar al ser humano en la tierra, es formar y obtener verdaderos hijos que puedan entrar al Tercer Reino y a las otras moradas celestiales antes mencionadas.

Cada morada en el Cielo es hermosa y cómoda para vivir. Sin embargo, el Cielo en el sentido estricto empieza en el Tercer Reino y abarca toda el área que se encuentra por encima, donde solamente los hijos santos y perfectos de Dios pueden entrar y vivir. Es un área separada para los verdaderos hijos de Dios que han vivido de acuerdo a la voluntad de Dios. Allí, pueden ver a Dios cara a cara.

Además, como el Dios de amor desea que todos vayan al Tercer Reino o más arriba, los ayuda a santificarse con la ayuda del Espíritu Santo, proveyéndoles de Su gracia y poder cuando oran fervientemente y escuchan la Palabra de Vida.

Proverbios 17:3 nos dice: *"El crisol para la plata, y la hornaza para el oro; pero Jehová prueba los corazones"*.

Dios refina a cada uno para hacernos Sus verdaderos Hijos.

Espero que rápidamente lleguen a santificarse, despojándose de sus pecados al batallar contra ellos hasta llegar a derramar sangre, y logren alcanzar la perfecta fe que Dios desea para nosotros.

La Nueva Jerusalén

Mientras más conozca del Cielo, más inexplicable y enigmático lo encontrará. La Nueva Jerusalén es el lugar más hermoso del Cielo y alberga el trono de Dios. Algunos podrían malinterpretarlo y creer que todas las almas salvas vivirán en la Nueva Jerusalén, o que todo el Cielo es la Nueva Jerusalén.

Sin embargo, esto no es así. En Apocalipsis 21:16-17, se señala la dimensión exacta de la ciudad santa de la Nueva Jerusalén: Tiene casi 1.400 millas (o casi 2.200 kilómetros) de longitud; es decir, de ancho, de largo y de alto. Su perímetro es de aproximadamente 5.600 millas. Es un área un poco más pequeña que China.

El Cielo estaría superpoblado con todas las almas salvas, si la Nueva Jerusalén fuera todo lo que hubiera en el Cielo. Pero el Reino de los Cielos es inimaginablemente espacioso, y la Nueva Jerusalén es solo una parte de él.

En consecuencia, ¿quién está calificado para entrar en la Nueva Jerusalén?

"Bienaventurados los que lavan sus ropas, para tener

derecho al árbol de la vida, y para entrar por las puertas en la ciudad". (Apocalipsis 22:14).

En este versículo la palabra "vestiduras" se refiere a su corazón y sus obras, y "lavar sus vestiduras" significa que se prepara como la novia de Jesucristo teniendo una buena conducta y forma de vida, mientras continúa purificando su corazón.

"El derecho al árbol de la vida" indica que usted será salvo por fe e irá al Cielo. "Entrar por las puertas de la ciudad" significa que pasará por las puertas de perlas de la Nueva Jerusalén, después que atraviese por las puertas de cada Reino del Cielo de acuerdo al crecimiento de su fe. Es decir, en la medida en que esté santificado podrá acercarse más a la Santa Ciudad donde está el trono de Dios.

Por consiguiente, podrá entrar a la Nueva Jerusalén solamente cuando esté en el quinto nivel de fe, en el que se agrada a Dios, al llegar a santificarse completamente y ser fiel en todos sus deberes y obligaciones. La fe que agrada a Dios es la fe que es lo suficientemente confiable, incluso como para mover el corazón de Dios o como para que Él le pregunte: "¿Qué quieres que haga por ti?", aun antes que usted le pida algo. Es la perfecta fe espiritual, la fe de Jesucristo, quien vivió e hizo todo conforme al corazón de Dios.

Jesús fue Dios, en Su misma naturaleza, pero no estimó el ser igual a Dios como cosa a que aferrarse, sino que se despojó a Sí mismo, tomando forma de siervo. Se humilló a Sí mismo y se hizo obediente hasta la muerte (Filipenses 2:6-8).

Por lo cual Dios lo exaltó hasta lo sumo y le dio un nombre que es sobre todo nombre (Filipenses 2:9), la gloria de estar sentado a la diestra de Dios, y la autoridad de ser el Rey de reyes, y el Señor de señores.

Asimismo, a fin de entrar a la Nueva Jerusalén, si esa es la voluntad de Dios, deberá ser como Jesús, obediente hasta la muerte. Algunos de ustedes podrían preguntarse: "Me parece que ser obediente hasta la muerte va más allá de mi capacidad. ¿Aún así, podré alcanzar el quinto nivel de fe?"

En verdad, estas declaraciones son producto de su débil fe. Después de conocer acerca de la Nueva Jerusalén, ninguno de ustedes dirá nada de eso, porque llegarán a anhelar con mayor fuerza y esperanza el vivir eternamente en ese hermoso y bellísimo lugar.

Mientras describo brevemente los rasgos característicos y la gloria de la Nueva Jerusalén, les pido que ensanchen su imaginación y disfruten de la dicha y del maravilloso espectáculo de la Santa Ciudad.

La belleza de la Nueva Jerusalén

Del mismo modo en que una novia se prepara lo más hermosa y elegantemente posible para encontrarse con su novio, Dios prepara y decora la Nueva Jerusalén, lo más hermosa posible. La Biblia la describe en Apocalipsis 21:10-11:

> *"Y me llevó en el Espíritu a un monte grande y alto, y me mostró la gran ciudad santa de Jerusalén, que descendía del cielo, de Dios, teniendo la gloria de Dios. Y su fulgor era semejante al de una piedra preciosísima, como piedra de jaspe, diáfana como el cristal".*

Además de eso, el muro estaba hecho de jaspe y el muro de la ciudad tenía doce cimientos. Las doce puertas están hechas de doce perlas, cada puerta hecha de una sola perla, y la calle principal de la ciudad es de oro puro, transparente como vidrio (Apocalipsis 21:11-21).

¿Por qué Dios ha descrito con tanto detalle la calle y el muro entre todas las otras enormes y hermosas edificaciones de la ciudad? En este mundo, es precisamente el oro lo que la gente considera lo más valioso para poseer. Se prefiere al oro porque no solo es valioso, sino también porque nunca pierde su valor a pesar del paso del tiempo.

Sin embargo, en la Nueva Jerusalén, incluso la calle donde la gente camina, está hecha de oro, y el muro de la ciudad está hecho de diversas joyas. ¿Se imaginan lo hermosos que deben ser otros aspectos de la ciudad al interior de sus muros? Por eso, Dios describe la calle y los muros de la ciudad de esta forma.

Además, la ciudad no tiene necesidad del sol o de luz artificial para alumbrar, porque la gloria de Dios la ilumina y jamás existirá la noche. Allí está el Río del Agua de Vida, tan limpio y transparente como el cristal, que sale del trono de Dios y del Cordero y desciende por el medio de la calle principal de la ciudad.

En cada lado del Río podemos apreciar playas con arena de plata y oro y el árbol de la vida, que produce doce frutos, dando cada mes su fruto. La gente camina por los jardines que Dios ha decorado con variedad de árboles y flores. En toda la cuidad reina la dicha y la paz a causa de la resplandeciente luz y del amor de nuestro Señor Jesucristo, que no hay palabras suficientes para poder describirlo.

Tan solo viendo ese brillante y majestuoso panorama, quedará cautivado: mansiones hechas de oro y de piedras preciosas, y calles de oro limpias y transparentes con un brillo deslumbrante. Es un mundo que va más allá de la imaginación, y su gloria y dignidad no pueden compararse.

"La ciudad no tiene necesidad de sol ni de luna que brillen en ella; porque la gloria de Dios la ilumina, y el Cordero es su lumbrera" (Apocalipsis 21:23).

"Después me mostró un río limpio de agua de vida, resplandeciente como cristal, que salía del trono de Dios y del Cordero. En medio de la calle de la ciudad, y a uno y otro lado del río, estaba el árbol de la vida, que produce doce frutos, dando cada mes su fruto; y las hojas del árbol eran para la sanidad de las naciones" (Apocalipsis 22:1-2).

Pero, ¿para quién está preparada esa hermosa y santa ciudad? Dios ha preparado la Nueva Jerusalén para Sus verdaderos hijos, aquellos que entre los salvos son santos y perfectos como Él Mismo lo es. Por eso, Dios nos insta a santificarnos completamente, diciendo:

"Absteneos de toda especie de mal" (1 Tesalonicenses 5:22), *"Sed santos, porque yo soy santo"* (1 Pedro 1:16), y *"Sed, pues, vosotros perfectos, como vuestro Padre que está en los cielos es perfecto"* (Mateo 5:48).

Sin embargo, aun cuando estén completamente santificados, no todos entrarán a la Nueva Jerusalén, algunos permanecerán en el Tercer Reino del Cielo, ello dependiendo del grado en que se asemejen al corazón del Señor y cómo reflejen esto en sus obras. Los que entran a la Nueva Jerusalén, no solamente están santificados, sino que también agradan a Dios al entender la profundidad de Su corazón, y al obedecer hasta la muerte, de acuerdo a Su voluntad.

Imagínense que en una familia hay dos hijos. Un día, el padre regresa del trabajo y dice que tiene sed. El hijo mayor sabe que a su padre le gusta la gaseosa, así que le compra una gaseosa. Además, le da masajes y le ayuda a descansar. Por el contrario, el menor le trae un vaso con agua y luego regresa a su cuarto a estudiar. ¿Cuál de los dos, conociendo más a su padre, hizo que se sintiera más cómodo y satisfecho? De seguro que fue el hijo mayor.

Del mismo modo, hay una diferencia entre los que van a la Nueva Jerusalén y los que entran al Tercer Reino del Cielo en función de lo mucho que agradaron a Dios y lo fieles que fueron en todo, entendiendo la profundidad del corazón de Dios.

Jesús distingue la fe del quinto nivel como una fe que agrada a Dios con el fin de hacerlo comprender más profundamente la voluntad de Dios.

Dios se complace con los que se santifican y tienen fe.

Dios se goza con los que están deseosos de salvar a otras almas predicando el evangelio.

Dios dice que los que son fieles en buscar y extender Su Reino y Su justicia son hermosos a Sus ojos.

La corona de oro o de justicia

Los que llegan a la Nueva Jerusalén recibirán como recompensa la corona de oro o la corona de justicia. Estas coronas son las más gloriosas en el Cielo y solamente se llevan en ocasiones especiales, por ejemplo, en una gran celebración o banquete.

Apocalipsis 4:4 nos dice: *"Y alrededor del trono había veinticuatro tronos; y vi sentados en los tronos a veinticuatro ancianos, vestidos de ropas blancas, con coronas de oro en sus cabezas"*.

Veinticuatro ancianos están calificados para sentarse alrededor del trono de Dios. Aquí, "ancianos" no se refiere a los que han ocupado un cargo de anciano en la iglesia, sino a los que son reconocidos y aceptados como tales por tener un corazón conforme al de Dios. Están totalmente santificados y han logrado edificar tanto el santuario o templo visible, como el invisible en sus corazones.

En 1 Corintios 3:16-17, Dios nos dice que Su Espíritu toma nuestros corazones como un templo. Por lo tanto, Él "destruirá" a cualquiera que destruyere el templo de Dios. Edificar el templo invisible en el corazón, es llegar a ser un hombre espiritual despojándose de sus pecados, y construir el templo visible es cumplir totalmente con sus obligaciones en este mundo.

El número "veinticuatro" o "veinticuatro ancianos" representa a todos aquellos que no solamente entran por la fe por la puerta de la salvación, como las doce tribus de Israel, sino que también están totalmente santificados como los doce apóstoles de Jesús. Como es hecho y reconocido por la fe como hijo de Dios, llega a ser parte del pueblo de Israel, y además, podrá entrar en la Nueva Jerusalén, si está santificado y es fiel como lo fueron los doce apóstoles de Jesús. "Veinticuatro ancianos" simbolizan a las personas que están totalmente santificadas, que son completamente fieles en sus obligaciones, y que son aceptadas por Dios. Él los recompensa con coronas de oro, porque tienen una fe que es tan valiosa como el oro puro.

Además, Dios otorga la corona de justicia a aquellos que no solo se despojan de sus pecados, sino que también cumplen sus obligaciones a Su satisfacción, con la fe que agrada a Dios como lo hizo el apóstol Pablo. Pablo pasó por muchas dificultades y persecuciones por su rectitud. Se esforzó al máximo y soportó todo con la fe para alcanzar el Reino de Dios y Su justicia, sea que comiese o bebiese, o en cualquier cosa que hacía, Pablo glorificó a Dios y mostró Su poder en todos los lugares a donde fue. Por eso, pudo expresar con toda confianza: *"Por lo demás, me está guardada la corona de justicia, la cual me dará el Señor, juez justo, en aquel día; y no solo a mí, sino también a todos los que aman su venida"* (2 Timoteo 4:8).

Hemos estudiado y visto algo del Cielo, cómo se puede avanzar hacia él, y las diferentes moradas y coronas dadas como recompensa de acuerdo a la medida de fe de cada uno.

Es mi oración en el nombre de nuestro Señor Jesucristo que cada uno de ustedes pueda llegar a ser un cristiano sabio, que anhele, no las cosas que perecen, sino las eternas, y que con fe, avance decididamente hacia el Cielo y goce de la gloria eterna en la Nueva Jerusalén.

ACERCA DEL AUTOR
Rev. Dr. Jaerock Lee

El Dr. Jaerock Lee nació en Muan, Provincia de Jeonnam, República de Corea, en 1943. A sus veinte años, él padeció de una serie de enfermedades incurables durante siete años, y al no tener ninguna esperanza de recuperación, él esperaba únicamente la muerte. Cierto día, durante la primavera de 1974, fue invitado por su hermana a una iglesia, y cuando se inclinó para orar, el Dios vivo inmediatamente lo sanó de todas sus enfermedades.

Desde el momento en que el Rev. Dr. Lee conoció a Dios a través de aquella experiencia maravillosa, él ha amado a Dios con todo su corazón y sinceridad. En 1978 él recibió el llamado a ser un siervo de Dios. Clamó fervientemente a fin de entender con claridad la voluntad de Dios y llevarla a cabo por completo, y obedeció a cabalidad la Palabra de Dios. En 1982 fundó la Iglesia Central Manmin en Seúl, Corea del Sur, e innumerables obras de Dios, incluyendo sanidades o prodigios milagrosos, han tomado lugar en la iglesia.

En 1986 el Rev. Dr. Lee fue ordenado como pastor en la Asamblea Anual de la Iglesia de Jesús de Sungkyul, Corea, y cuatro años más tarde sus sermones empezaron a ser transmitidos en Australia, Rusia, las Filipinas, y otros lugares a través de la Compañía de Radiodifusión del Lejano Oriente, la Estación de Radiodifusión de Asia, y el Sistema Radial Cristiano de Washington.

Luego de transcurridos siete años, en 1993, la Iglesia Central Manmin fue denominada por la Revista *Christian World* de EE. UU. como una de las "50 Iglesias Principales del Mundo". El mismo año el Dr. Lee obtuvo un Doctorado Honorario en Teología en Christian Faith College, Florida, EE. UU., y en 1996 obtuvo un Ph.D. en Ministerio en el Seminario Teológico de Kingsway en Iowa, EE. UU.

Desde 1993, el Rev. Dr. Lee ha tomado la batuta en el área de las misiones mundiales a través de cruzadas evangelísticas internacionales en

Tanzania, Argentina, en las ciudades de Los Ángeles, Baltimore, Hawái, y Nueva York en los Estados Unidos, Uganda, Japón, Pakistán, Kenia, las Filipinas, Honduras, India, Rusia, Alemania, Perú, República Democrática de Congo, e Israel. En el año 2002 los principales diarios cristianos de Corea lo nombraron "el Pastor mundial" por su labor en varias Grandes Cruzadas Unidas internacionales.

Hasta septiembre de 2011, la Iglesia Central Manmin cuenta con una congregación de más de 120.000 miembros; tiene 9.000 iglesias filiales locales e internacionales en el mundo entero, más de 138 misioneros que han sido comisionados a 23 países, entre ellos los Estados Unidos, Rusia, Alemania, Canadá, Japón, China, Francia, India, Kenia, y muchos más.

Hasta la actualidad el Dr. Lee ha escrito 63 libros, incluyendo algunos en lista de superventas de librería tales como *GOZANDO DE LA VIDA FRENTE A LA MUERTE, MI VIDA MI FE I Y II, EL MENSAJE DE LA CRUZ, LA MEDIDA DE FE, CIELO I Y II, INFIERNO, Y EL PODER DE DIOS*. Sus obras han sido traducidas a más de 67 idiomas.

Sus editoriales cristianos se publican en los periódicos *The Hankook Ilbo, The Chosun Ilbo, The JoongAng Daily, The Dong-A Ilbo, The Munhwa Ilbo, The Seoul Shinmun, The Kyunghyang Shinmun, The Hankyoreh Shinmun, The Korea Economic Daily, The Korea Herald, The Shisa News*, y *The Christian Press*.

El Dr. Lee es actualmente el líder de muchas organizaciones y asociaciones misioneras, entre ellas: Presidente de la Iglesia de la Santidad Unida de Jesucristo en Corea, Presidente de la Misión Mundial Manmin, Fundador de Manmin TV, Fundador y Presidente de la Junta de Global Christian Network (GCN), Fundador y Presidente de la Junta de la Red Mundial de Médicos Cristianos (WCDN por sus siglas en inglés), y Fundador y Presidente de la Junta del Seminario Internacional Manmin (MIS por sus siglas in inglés).

Cielo I & II

Una descripción detallada del maravilloso y vívido ambiente que los ciudadanos del Cielo disfrutarán en los cinco niveles del Reino de los Cielos, además de una hermosa descripción de cada uno de ellos.

El Mensaje de la Cruz

Un poderoso mensaje de avivamiento para todos aquellos que están espiritualmente adormecidos. En este libro encontrará la razón por la que Jesús es el único Salvador y es el verdadero amor de Dios.

Infierno

Un sincero y ferviente mensaje de Dios para toda la humanidad. ¡Dios desea que ningún alma caiga en las profundidades del infierno! Usted descubrirá una descripción nunca antes revelada de la cruel realidad del Hades y del Infierno.

Mi Vida, Mi Fe I y II

La autobiografía del Dr. Jaerock Lee proporciona un fragante aroma espiritual a los lectores a través de su vida extraída del amor de Dios que brotó en medio de olas oscuras, un yugo frío y la mayor desesperación.

Gozando de la Vida Frente a la Muerte

El testimonio de la vida y de las experiencias del Reverendo Dr. Jaerock Lee, quien nació de nuevo y fue rescatado del valle de la muerte, y que desde entonces ha vivido una vida cristiana ejemplar.